Cuisine *en* Terres Provençales

ISBN : 9782847990409
Dépôt légal : novembre 2007

Libris
17, rue Bayard, 38000 Grenoble
libris@libris.fr

Recettes Marianne Boilève
Aquarelles Jean-Marc Boudou

Cuisine *en* Terres Provençales

Libris

Simple et de bon goût...

Que n'a-t-on dit déjà de la gastronomie provençale... Loin de moi l'idée de gloser sur ce monde aux parfums trop souvent galvaudés dans de sinistres officines aux relents d'ail carbonisé et d'herbes de Provence empoussiérées. La cuisine méridionale mérite mieux que cela. Il suffit, pour s'en convaincre, de se remémorer l'odeur d'un bouquet de sauge ou l'écorce d'un citron de Nice, la finesse fruitée et l'ambre vert d'une huile d'olive des Baux, le goût de miel d'une figue de Solliès-Pont... Et d'accepter de sortir des sentiers trop longtemps battus par les marchands de garrigue sous Cellophane pour revenir sur ceux, un peu oubliés, qu'empruntaient les faiseuses de prodiges quotidiens avec les légumes de leur jardin.
Leur secret ? Des produits simples assaisonnés de beaucoup d'imagination, au gré des saisons. Car la cuisine méridionale, contrairement aux idées reçues, est une cuisine d'une merveilleuse simplicité. Ici, point de sauces compliquées, de réductions savantes ou de préparations alambiquées. À l'exception des jours de fête, le repas provençal se compose de mets sobres et goûteux, où l'aromate et le condiment font chanter le plus modeste légume.

C'est le côté magique de cette cuisine : une poignée de produits de base (l'huile d'olive, l'ail, la tomate, l'aubergine, les herbes aromatiques...) suffit à accommoder de mille façons légumes, pâtes, viandes et poissons, sans jamais en altérer le goût. Tout se joue dans la combinaison des ingrédients et leur mode de cuisson. Un bout d'écorce d'orange vous réconciliera avec l'idée

que vous vous faisiez de la daube... à condition de la laisser tranquillement mijoter son content d'heures. Une étoile de badiane glissée dans une papillote illuminera julienne de légumes et filet de poisson sans leur faire d'ombre. Une pointe de safran et quelques fleurs de courgettes dans un plat de pâtes le métamorphoseront en plat de fête...

Les recettes proposées dans ce petit livre respectent une règle simple et non écrite, aussi ancienne que la cuisine provençale elle-même : l'art de bien manger grâce à trois fois rien. Faciles à réaliser, elles font la part belle aux produits de qualité, quitte à conseiller l'utilisation des tomates en conserve plutôt que les jolis clones rouges et luisants qui envahissent les étals des marchés. Elles font l'apologie de l'ail rose de Provence (et non d'Argentine...), du poivre d'âne (la sarriette) et de la brindille de thym frais. Elles vous invitent à redécouvrir la saveur d'un anchois, le goût franc du fenouil ou les vertus aromatiques de la tapenade. Elles vous proposent de jouer avec les parfums, les goûts, les textures, les couleurs... et les saisons ! La plupart, comme la bouillabaisse ou la pompe à l'huile, sont "historiques" : elles n'ont subi qu'un petit toilettage, histoire de faciliter leur réalisation. Les autres sont des créations inspirées par ma gourmandise, celle de gourmets alentour (Marine, Nicolas, Hubert...), et nombre d'autres muses comme ma p'tite tante Margot, mes amies Anne et Milou, Adeline, une bergère de l'Ubaye, et une étonnante muse à moustache : mon frère Guillaume.

Autour d'un petit rosé de Provence

Que serions-nous sans les Grecs ? En 600 avant Jésus-Christ, les Phocéens ont eu la bonne idée de fonder une colonie (Marseille), et surtout de débarquer quelques amphores sur ce qui n'était pas encore le Vieux Port. Depuis, la vigne a prospéré sur les "côtes de Provence"... Vifs et fruités, les vins rosés déclinent des parfums tantôt épicés (bandol), tantôt acidulés (coteaux varois), qui se dégustent en bonne compagnie, agrémentés de quelques olives, de beignets d'anchois ou de petits amuse-bouches plus forts en gueule...

7

Les olives

Préparation : 2 fois 30 minutes Trempage : 10 jours
Marinade : 10 jours

Cocarde de la Provence et du pays niçois, l'olive mériterait une encyclopédie à elle seule. Une infinie variété existait autrefois ; certaines ont été peu à peu oubliées, abandonnées, victimes du gel ou de la concurrence d'autres pays méditerranéens. Essayez de trouver sur les marchés, à l'automne, des grossanes, des salonenques ou des cailletiers (petite olive de Nice) et amusez-vous à les préparer. C'est un peu long, mais vous ne serez pas peu fier de vous au moment de les offrir à vos convives...

Pour 500 g d'olives cassées au fenouil

- *500 g de salonenques fraîches*
- *200 g de gros sel*
- *5 feuilles de laurier*
- *3 branches de fenouil*
- *1 écorce d'orange séchée*
- *1 cuillère à café de graines de coriandre*
- *1 cuillère à café de grains de poivre*

- *"Casser" d'un coup vif chaque olive sur une planche de bois sans les écraser (avec un petit maillet en bois) ou les rouler sur un tranche-tomate pour les entailler.*
- *Les faire tremper dans l'eau pendant 10 jours, en prenant soin de changer l'eau quotidiennement.*
- *Le 11e jour, égoutter les olives et les mettre dans un pot en grès.*
- *Préparer la saumure en faisant bouillir 2 litres d'eau avec le gros sel et les aromates environ 15 mn.*
- *Laisser refroidir. Filtrer et verser la saumure sur les olives rincées. Fermer le pot et laisser mariner une dizaine de jours dans un endroit frais avant de déguster.*

La tapenade

Avec ou sans anchois ? Vaste question qu'il ne m'appartient pas de trancher... Les puristes prétendent qu'à l'origine la tapenade était une préparation à base d'olives noires un peu fortes, de câpres (tapeno) et d'herbes de Provence. Mais aujourd'hui, chacun y va de sa "vraie" recette... La tapenade peut aussi se réaliser avec des olives vertes, ce qui donne une préparation plus douce.

Pour 4 personnes

- *250 g d'olives noires dénoyautées (des tanches de Nyons de préférence, car elles sont bien grasses)*
- *125 g de câpres (en saumure plutôt qu'au vinaigre)*
- *une dizaine de filets d'anchois à l'huile*
- *1 gousse d'ail dégermée et hachée*
- *3 ou 4 cuillères à soupe de jus de citron*
- *1 cuillère à soupe d'herbes de Provence (thym, romarin, sarriette, laurier, fenouil)*
- *huile d'olive (environ 10 cl)*
- *3 tours de moulin à poivre*

Préparation : 10 minutes
Cuisson : aucune !

- *Broyer au mortier (ou, plus pratique, au mixer) les olives avec les câpres, les anchois coupés en morceaux, les herbes et le poivre.*
- *Lier peu à peu avec l'huile d'olive jusqu'à obtenir une pommade lisse et onctueuse. Ajouter le citron selon votre goût. Mélanger.*
- *Mettre au frais avant de servir avec des toasts, des artichauts poivrade, du céleri en branche, des bâtonnets de concombre, de poivron ou de fenouil.*

Anchoïade

La qualité de l'anchoïade dépend de celle des anchois, bien sûr, mais aussi de leur dessalage... Cela étant, ne tentez pas de ruser en utilisant des anchois à l'huile : vous perdriez en saveur. Les gourmets indolents apprécieront également le quiché, qui demande encore moins de travail : laisser les anchois en filets, leur ajouter de l'ail, de l'huile et du poivre avant de les "esquicher" avec le pouce sur un morceau de pain grillé.

Pour 4 personnes

- *une trentaine d'anchois au sel*
- *5 gousses d'ail dégermées et hachées*
- *1 cuillère à café de vinaigre*
- *20 cl d'huile d'olive*
- *4 tours de moulin à poivre*

Préparation : 15 minutes **Dessalage : 1 heure**

- *Ouvrir les anchois dans le sens de la longueur. Ôter l'arête centrale et la queue. Dessaler soigneusement à l'eau froide. Essuyer les filets avant de les couper en morceaux.*
- *Piler les anchois, l'ail, le vinaigre et le poivre dans un mortier (ou au mixer) jusqu'à obtenir une pommade assez fine.*
- *Monter la préparation en versant l'huile d'olive en filet.*
- *Servir sur des tranches de pain grillé ou avec des légumes crus (radis, concombre, fenouil, champignon, chou-fleur, tomate...).*

Lou saussoun

D'origine varoise, le saussoun se mangeait au milieu de la matinée, tartiné sur du pain, lors des moissons ou des vendanges. Essayez sur des morceaux de pain grillé, qui révèle fort bien la douceur de l'amande et le piquant de l'anchois. Le saussoun peut également accompagner un poisson (du loup poché par exemple) : il sera alors dilué avec un peu d'eau bouillante.

Pour 4 personnes

- *200 g d'amandes émondées, de noix ou de pignons (ou un mélange de chaque)*
- *100 g de filets d'anchois à l'huile*
- *1 branche de fenouil frais*
- *2 feuilles de menthe fraîche*
- *4 gousses d'ail dégermées*
- *20 cl d'huile d'olive*

Préparation : 15 minutes

- *Piler les amandes dans un mortier (on peut aussi utiliser le mixer…).*
- *Ajouter le fenouil émincé, les anchois coupés en morceaux, l'ail et la menthe et continuer de broyer jusqu'à obtenir une pommade assez lisse.*
- *Incorporer l'huile d'olive en remuant énergiquement.*

Beignets d'anchois

Préparation : 20 minutes Repos : 30 minutes
Cuisson : 20 minutes

On en picore un, puis deux, puis trois... et l'on se demande soudain pourquoi le geste vers le plat de beignets tout chauds devient automatique. Est-ce ce petit goût d'ail et de citron qui enveloppe l'anchois ? Ou l'anchois lui-même, emmitouflé dans son fourreau moelleux et parfumé ? Autant se poser la question de la poule et de l'œuf... Allez, hop, un quatrième !

Pour 4 personnes

- *8 anchois par personne*
- *200 g de farine*
- *2 œufs + 1 blanc*
- *2 gousses d'ail dégermées et hachées*
- *1 verre de bière*
- *1 bouquet de persil*
- *1 citron*
- *huile de friture*
- *sel, poivre*

Étêter les anchois et les vider. Les rincer et les essuyer.

Verser la farine dans une terrine. Casser les œufs dessus, ajouter l'ail, le jus du citron, la bière, le sel et le poivre. Mélanger jusqu'à obtenir une pâte homogène. Laisser reposer 30 mn.

Faire chauffer l'huile dans une casserole à bord haut pour éviter les projections.

Battre le blanc d'œuf en neige et l'incorporer délicatement à la pâte.

Tremper les anchois dans la pâte à beignets et les plonger dans l'huile très chaude. Les sortir quand ils sont dorés à point. Égoutter sur du papier absorbant.

Servir bien chaud, parsemé de persil.

Beignets de fleurs de courgettes

Un "régal de jamais vu" comme nous disions quand nous étions petits... Le croustillant du beignet réveille – et révèle – le délicat parfum des fleurs de courgettes. Ces dames arrivent sur les marchés provençaux dès le mois d'avril et y restent jusqu'aux premiers froids. Cueillies tôt le matin, elles ne supportent ni la lumière ni la chaleur. Vous pouvez les conserver au frais jusqu'au lendemain, mais guère plus.

Pour 4 personnes

- *12 fleurs de courgettes*
- *150 g de farine fluide*
- *1 œuf*
- *1 verre d'eau pétillante ou de bière (qui rend la pâte plus légère)*
- *2 pincées de sel*
- *2 litres d'huile de friture*

Préparation : 10 minutes **Cuisson : 15 minutes**
Repos : 20 minutes

- *Essuyer les fleurs de courgettes.*
- *Mélanger la farine, l'œuf et le sel dans une terrine. Délayer rapidement avec l'eau pétillante ou la bière jusqu'à obtenir une pâte lisse. Laisser reposer au frais 20 mn environ.*
- *Au bout de ce temps, faire chauffer l'huile dans une friteuse (190°). Plonger une goutte de pâte pour vérifier que celle-ci "prend" rapidement. Tremper les fleurs de courgettes dans la pâte à beignets de façon à les enrober parfaitement.*
- *Faire frire chaque beignet 2 mn en le retournant une fois : il faut qu'il soit doré et croustillant. Égoutter sur du papier absorbant. Saler et poivrer. Servir aussitôt.*

Cake à la sardine et aux tomates séchées

Pour 4 personnes

- 150 g de farine d'épeautre (ou, à défaut, de farine bise)
- 3 œufs à température ambiante
- 10 cl d'huile d'olive
- 10 cl de vin blanc
- 2 pincées de sel
- 1 sachet de levure de boulangerie
- 250 g de filets de sardines crus débarrassés de leurs écailles
- 10 quartiers de tomates séchées
- 100 g d'olives vertes
- 100 g de tomme de chèvre (ou de brebis) sèche

Un jour de panique, alors qu'on m'avait commandé une demi-douzaine de cakes aux olives pour une fête, je me suis rebellée : ras le bol des traditions ! Place à l'imagination ! Fort heureusement, le réfrigérateur, ce jour-là, recelait quelques trésors qui m'ont inspiré cette recette...

Préparation : 15 minutes
Cuisson : 45 minutes

- *Préchauffer le four à 220°.*
- *Mettre la farine dans un saladier. Creuser un puits au centre, y casser les œufs puis ajouter le sel et la levure. Délayer avec l'huile d'olive puis le vin blanc jusqu'à obtenir une pâte souple et lisse.*
- *Couper la tomme en petits cubes, puis les sardines en morceaux ainsi que les tomates et les olives.*
- *Incorporer ces ingrédients à la pâte et mélanger intimement.*
- *Verser la préparation dans un moule à cake de 25 cm de long environ.*
- *Mettre au four 10 mn. Au bout de ce temps, baisser le thermostat à 180° et laisser cuire encore 35 mn.*

Caviar d'aubergines

Un classique de l'apéritif. Certains le "montent" à l'huile d'olive, un peu comme un aïoli. Je le préfère tout simple : c'est plus léger !

Pour 4 personnes

- *8 aubergines longues, fermes et brillantes*
- *5 gousses d'ail dégermées et hachées*
- *huile d'olive*
- *sel, poivre*

Préparation : 10 minutes
Cuisson : 30 minutes

Laver les aubergines, les entailler légèrement et les faire cuire à four doux (150°) pendant une demi-heure environ en les retournant de temps en temps. Les sortir du four quand elles sont molles et les couper en deux avant de les laisser refroidir.

Ôter la chair des aubergines avec une cuillère et la mettre dans un saladier. Saler, poivrer. Piler (ou mixer) la chair avec l'ail jusqu'à obtenir une purée homogène. Arroser d'un filet d'huile d'olive et servir avec du pain grillé.

Panisses

Les panisses sont des beignets croquants à base de farine de pois chiches. Elles se mangent salées, accompagnées d'une sauce, ou sucrées, au dessert. Très appréciées dans les régions de Marseille et de Nice, elles demandent un peu d'entraînement pour être réussies...

Pour 4 personnes

- *200 g de farine de pois chiches*
- *1 litre d'eau*
- *2 cuillères à soupe d'huile d'olive*
- *1 cuillère à café de sel*
- *poivre*

Préparation : 20 minutes **Repos : 1 heure**
Cuisson : 15 minutes - Friture : 2 minutes

- *Huiler une dizaine de soucoupes.*
- *Porter à ébullition l'eau, le sel et l'huile d'olive. Retirer du feu et jeter dedans la farine de pois chiches en pluie en fouettant vigoureusement. Remettre sur le feu et laisser épaissir doucement en remuant tout le temps de la cuisson (environ 1/4 d'heure).*
- *Quand la bouillie est bien onctueuse, la verser rapidement (attention, elle se fige vite) dans les soucoupes huilées. Laisser reposer 1 heure.*
- *Au bout de ce temps, découper les panisses en bâtonnets de 2 cm environ et les faire rissoler 2 mn dans de l'huile d'olive : les panisses doivent être bien dorées et croustillantes. Égoutter sur du papier absorbant. Saler et poivrer à volonté avant de servir.*

La Bourse et la rue Canebière à Marseille, à la Belle Époque.

Poivrons marinés à la coriandre

Exquis en toute saison, mais peut-être plus encore l'été, les poivrons marinés n'ont qu'un seul défaut : il n'y en a jamais assez... La coriandre fraîche parsemée dessus est une idée de Milou, une chère amie qui, comme moi, doit ses plus goûteuses associations aux hasards du marché du dimanche matin.

Pour 4 personnes

- *4 poivrons rouges ou jaunes bien charnus*
- *2 gousses d'ail dégermées et émincées*
- *4 beaux brins de persil plat et 4 autres de coriandre fraîche*
- *huile d'olive*
- *sel, poivre*

Préparation : 20 minutes
Marinade : 1 à 2 heures

- *Laver les poivrons, les couper en 2 et ôter les graines.*
- *Allumer le gril du four et placer les poivrons dessous. Laisser griller jusqu'à ce que la peau se boursoufle et se craquelle. Les sortir et les enfermer dans une boîte hermétique (environ 1/4 d'heure).*
- *Lorsque les poivrons sont froids, les peler et les couper en lanières. Les dresser dans un joli plat de service, les assaisonner d'huile d'olive, de sel, de poivre, d'ail et d'herbes finement ciselées.*
- *Laisser mariner au moins 1 heure au frais avant de servir.*

Terraïeto

Les terraïeto sont des petites terrines, utilisées comme dînette par les petites filles d'autrefois. Elles sont ici garnies d'une préparation toute simple à base de foies de volailles, que l'on peut agrémenter de quelques baies de genièvre.

Pour 4 personnes

- *12 foies de volailles bien frais*
- *1 oignon*
- *200 g de mie de pain trempée dans du lait*
- *1 jaune d'œuf extra frais*
- *1 petit bouquet de persil plat*
- *2 branches de thym*
- *huile d'olive*
- *sel, poivre*

Préparation : 10 minutes **Cuisson : 10 minutes**

- *Faire rissoler les foies de volailles à la poêle avec un peu d'huile d'olive. Réserver.*
- *Éplucher l'oignon, l'émincer très finement et le faire fondre à la poêle avec 2 cuillères à soupe d'huile d'olive. Ajouter la mie de pain essorée et laisser dessécher quelques minutes.*
- *Mixer ensemble les foies, l'oignon fondu et la mie de pain. Les verser dans un saladier. Ajouter le jaune d'œuf, le persil ciselé, les pluches de thym, le sel et le poivre. Bien malaxer.*
- *Répartir dans les terraïeto et mettre au frais. À consommer dans les 48 heures.*

Les Entrées

Les entrées sont un petit luxe dont on peut aisément se passer. Mais comment résister à l'envie de dompter une asperge sauvage ? Et pourquoi se priver d'une savoureuse soupe au pistou quand le gris de l'automne chagrine les âmes en mal de soleil ? Il n'y a pas de mal à se faire du bien, et encore moins à proposer les recettes qui suivent en plat principal. À condition d'augmenter un petit peu les proportions...

Aigo boulido

En Provence, chaque famille a sa recette. Mais l'intention est partout la même : il s'agit d'apaiser les douleurs d'estomac au lendemain de fêtes trop arrosées. Un dicton fort répandu dit d'ailleurs que l'eau bouillie (l'aigo boulido) sauve la vie, mais qu'au bout d'un temps elle tue les gens. Méfiance donc...

Pour 4 personnes

- *1 litre d'eau*
- *5 gousses d'ail dégermées*
- *1 feuille de laurier*
- *1 brin de sauge*
- *1 jaune d'œuf extra frais*
- *1/2 cuillère à café de gros sel de mer*
- *1 cuillère à soupe d'huile d'olive*

Préparation : 10 minutes **Cuisson : 15 minutes**

- *Faire bouillir l'eau avec l'ail écrasé, le sel, l'huile d'olive et le laurier pendant 1/4 d'heure. Ôter l'ail et le laurier.*
- *Mettre le jaune d'œuf dans une soupière, ajouter le brin de sauge et verser dessus l'eau bouillie en fouettant vigoureusement. Couvrir et laisser infuser quelques minutes.*
- *Servir brûlant avec de fines tranches de pain grillé frottées d'ail. On peut également proposer un filet d'huile d'olive et du gruyère râpé.*

Soupe de poissons à la marseillaise

Pour 4 personnes

- *1 kg de petits poissons de roche écaillés et vidés*
- *5 ou 6 crabes (appelés aussi favouilles)*
- *2 poireaux*
- *1 oignon*
- *2 tomates*
- *2 gousses d'ail écrasées*
- *1 brin de fenouil*
- *1 feuille de laurier*
- *1 écorce d'orange séchée*
- *1 dose de safran*
- *2 cuillères à soupe d'huile d'olive*
- *sel, poivre*

Une bonne soupe comporte au moins quatre sortes de poissons : jeunes rascasses, girelles, labres, roucaous, petits congres, petits sars, grondins... La plupart des recettes traditionnelles ajoutent du vermicelle ou des petits coudes (environ 200 g), mais je préfère sans...

Préparation : 20 minutes **Cuisson : 25 minutes**

- *Émincer finement les poireaux et l'oignon. Ébouillanter les tomates, les peler et les hacher grossièrement.*
- *Dans une casserole à fond épais, faire revenir les poireaux et l'oignon avec l'huile d'olive. Ajouter les poissons et les crabes. Faire dorer quelques minutes en remuant. Incorporer l'ail, puis les tomates concassées et les aromates. Saler, poivrer. Couvrir avec 2 litres d'eau et laisser bouillir sur feu vif pendant 15 mn.*
- *Passer la soupe au moulin à légumes (autre technique : poser une passoire sur une seconde casserole. Verser le bouillon et presser le poisson avec une cuillère en bois pour en extraire tout le suc).*
- *Mettre le safran dans le jus obtenu, mélanger et remettre à cuire sur feu doux quelques minutes (on peut également recouvrir les résidus de poisson avec de l'eau, les remettre à bouillir, les passer au moulin à légumes une seconde fois et finir en mélangeant les deux jus).*
- *Servir très chaud avec des croûtons rissolés frottés d'ail.*

Soupe au pistou

À chacun son clocher, à chacun sa soupe au pistou. Il est presque téméraire de ma part de donner une recette, tant le nombre de variantes de cette célébrissime soupe de légumes est infini. Mais ce livre sans pistou serait aussi bancal qu'un pistou sans ail... Un conseil : préparez un peu plus de sauce qu'il est indiqué dans la recette et réservez-la pour un plat de pâtes à venir. Bonheur garanti.

Pour 8 personnes

Pour la soupe

- *600 g de haricots frais, blancs et cocos roses (pois écossés)*
- *3 carottes*
- *250 g de chair de courge (facultatif)*
- *500 g de haricots verts mange-tout*
- *3 belles pommes de terre*
- *4 courgettes*
- *2 belles tomates mûres*
- *150 g de pâtes (gros macaronis ou petits coudes)*
- *1 gros oignon blanc*
- *1 clou de girofle*
- *2 branches de thym frais*

Pour le pistou

- *10 gousses d'ail dégermées*
- *1 tasse de feuilles de basilic*
- *100 g de parmesan fraîchement et grossièrement râpé*
- *50 g de gruyère fraîchement et grossièrement râpé (ou de vieux hollande)*
- *20 cl d'huile d'olive*
- *1 pincée de gros sel*

Préparation : 30 minutes **Cuisson : environ 2 heures**

- *Faire bouillir 4 litres d'eau salée dans un grand faitout à fond épais. Jeter les haricots en grains, l'oignon piqué du clou de girofle et le thym dans l'eau bouillante. Laisser cuire 30 mn.*
- *Pendant ce temps, ébouillanter les tomates puis les peler. Éplucher les autres légumes (sauf les courgettes). Tailler les carottes, la courge et les pommes de terre en petits cubes. Couper les courgettes en grosses rondelles. Tronçonner les haricots verts en petits morceaux de 2 cm environ.*
- *Ajouter les pommes de terre, les carottes et la courge aux haricots. Laisser cuire encore 45 mn à petits bouillons avant de mettre les tomates, les haricots verts et les courgettes. Laisser mijoter 30 mn en remuant de temps en temps, puis verser les pâtes qui devront cuire 20 mn.*
- *Pendant que la soupe cuit, préparer le pistou : écraser l'ail et le gros sel au mortier (ou au mixer, mais c'est moins bon...). Quand l'ail prend la consistance d'une pommade, ajouter progressivement les feuilles de basilic ciselées tout en continuant de piler. Lorsque le mélange est homogène, ajouter le fromage et travailler le tout à la fourchette, avant d'incorporer l'huile, d'abord goutte à goutte puis en filet. Le pistou doit avoir la consistance d'une crème épaisse. S'il est trop compact, le diluer avec un peu de bouillon de légumes.*
- *Quand la soupe est cuite, retirer l'oignon et le thym. Verser dans une soupière et ajouter la moitié du pistou. Mélanger soigneusement. Servir avec le restant de sauce présenté dans le mortier ou un bol à part.*

Brouillade de tomates

Pour 4 personnes

- *1 bon kg de tomates bien mûres*
- *8 œufs frais*
- *1 bouquet garni (persil plat, thym et 1 feuille de laurier, liés en bottillon)*
- *4 beaux brins de persil plat*
- *2 gousses d'ail dégermées et hachées*
- *huile d'olive*
- *sel, poivre*

Une recette toute simple, dans laquelle le côté onctueux des œufs brouillés adoucit la légère acidité des tomates. Le plus difficile consiste sans doute à trouver des "pomo d'amour" dignes de ce nom. Car même en Provence, la vraie tomate tend à devenir une denrée rare.

Préparation : 10 minutes **Cuisson : 10 minutes**

- *Ébouillanter les tomates, les peler, les épépiner et les couper grossièrement.*
- *Dans un caquelon à fond épais, faire chauffer 2 cuillères à soupe d'huile d'olive. Ajouter les tomates concassées et le bouquet garni. Saler, poivrer. Laisser fondre les tomates jusqu'à ce qu'elles aient rendu leur eau.*
- *Battre les œufs dans un bol et les verser d'un coup sur les tomates. Mélanger, ajouter l'ail, le persil ciselé et laisser prendre les œufs sur feu doux en remuant sans cesse. Servir bien chaud.*

Omelette aux asperges sauvages

Les asperges sauvages se trouvent parfois sur les marchés, mais bien plus sûrement dans la nature, non loin d'un chêne vert, d'une source ou d'un ruisseau. Couramment ramassées au mois d'avril, seules les jeunes pousses sont comestibles. Ne les arrachez pas : coupez-les au ras du sol en pensant à la prochaine cueillette...

Pour 4 personnes

- *2 belles poignées d'asperges sauvages*
- *6 œufs frais (ou 8 pour un plat unique)*
- *4 beaux brins de persil plat*
- *1 petite gousse d'ail dégermée et hachée*
- *1 noix de beurre*
- *huile d'olive*
- *sel, poivre*

Préparation : 5 minutes **Cuisson : 10 minutes**

- *Passer les asperges sauvages sous l'eau claire et bien les égoutter.*
- *Mettre le beurre et l'huile dans une poêle à fond épais et faire chauffer jusqu'à ce que le beurre devienne mousseux. Mettre les asperges et les faire revenir 3 mn sur feu vif. Ajouter l'ail.*
- *Verser les œufs salés, poivrés et battus en omelette sur les légumes. Laisser prendre sur feu vif et finir la cuisson sur feu doux, en ramenant de temps en temps les bords de l'omelette vers l'intérieur.*

Le Garlaban de Pagnol.

Caillettes provençales

Pour 4 personnes

- *1 kg d'épinards*
- *350 g de foie de porc*
- *350 g de gorge ou de lard*
- *1 ou 2 crépines*
- *1 verre de vin blanc*
- *2 petites branches de thym*
- *1 dizaine de baies de genièvre écrasées au pilon*
- *sel, poivre*

En basse Provence, la caillette se fabrique sans légumes. Mais à Pierrelatte ou dans le Var, on ne se prive pas de hacher la viande avec force épinards ou feuilles de blettes, ce qui rend la caillette plus légère et plus moelleuse. Une entrée à savourer chaude ou froide.

Préparation : 20 minutes
Cuisson : 35 minutes

- *Faire cuire les épinards 5 mn dans de l'eau bouillante salée. Bien les essorer.*
- *Hacher ensemble la viande, le lard, les épinards, le thym et les baies de genièvre écrasées. Malaxer le mélange à la main (s'il est trop sec, ajouter une goutte de vin blanc).*
- *Tremper la crépine dans l'eau tiède et la découper en rectangles de 10 cm par 15.*
- *Étaler les morceaux de crépine sur le plan de travail et déposer sur chacun un petit tas de farce. Rouler la caillette et la déposer dans un plat allant au four. Mouiller avec un verre de vin blanc.*
- *Faire cuire 10 mn à four bien chaud (220°), puis 20-25 mn à 180°.*

Papeton d'aubergines à la tapenade

Était-ce le plat préféré des papes ou simplement le nom d'un moule particulier en forme de tiare papale ? Comme souvent, les origines du papeton s'enchevêtrent. Ce qui est sûr, c'est qu'il vient d'Avignon et que la douceur un peu sucrée de l'aubergine, corsée de tapenade, le rend diaboliquement bon.

Pour 4 personnes

- *6 aubergines moyennes, fermes et brillantes*
- *3 gousses d'ail dégermées et hachées*
- *3 échalotes*
- *4 œufs*
- *2 cuillères à soupe de tapenade*
- *1 bouquet garni (thym, sauge, laurier, persil plat liés en bottillon)*
- *1/2 litre de coulis de tomates*
- *huile d'olive*
- *sel, poivre*

Préparation : 25 minutes **Cuisson : 30 minutes**

- *Laver les aubergines, les éplucher et les couper en gros cubes.*
- *Dans une cocotte à fond épais, faire blondir les échalotes. Ajouter les aubergines, l'ail et le bouquet garni. Saler légèrement, poivrer. Couvrir et laisser fondre sur feu doux pendant 20 mn environ.*
- *Quand elles sont cuites, réduire les aubergines en purée après avoir ôté le bouquet garni.*
- *Battre les œufs en omelette dans un saladier, ajouter la tapenade puis la purée d'aubergines. Rectifier l'assaisonnement.*
- *Verser la préparation dans un plat à gratin et faire cuire au bain-marie environ 30 mn à 180°.*
- *Servir avec un coulis de tomates bien relevé.* *(voir p. 58)*

Avignon l'historique.

Mille-feuille de pommes, chèvre et thym

L'idéal, ce serait une "pointue" de Trescléoux... Hélas, cette pomme d'un beau jaune coloré de carmin, croquante et légèrement acidulée, a pratiquement disparu. On la déniche parfois en lisière des vergers, du côté de Trescléoux et de Laragne (Hautes-Alpes). Mais il est plus simple de lui trouver une remplaçante, granny ou autre.

Pour 4 personnes

- *4 pommes tenant bien à la cuisson, pas trop sucrées et légèrement acidulées*
- *2 ou 3 crottins de chèvre (selon la grosseur)*
- *1 petit bouquet de thym*
- *huile d'olive et poivre*

Préparation : 10 minutes
Cuisson : 25 minutes

Laver les pommes. Ôter le cœur et les couper en tranches d'1 cm en partant de la base. Reconstituer rapidement chaque fruit pour éviter que la chair ne s'oxyde et brunisse.

Couper les crottins en rondelles assez fines.

Prendre une tranche de pomme, poser une rondelle de fromage dessus et saupoudrer de thym. Poivrer légèrement. Arroser d'un tout petit filet d'huile d'olive. Couvrir d'une tranche de pomme et recommencer l'opération jusqu'à reconstituer le fruit tout entier.

Glisser délicatement chaque pomme dans un plat allant au four, arroser d'un peu d'huile d'olive et mettre à four chaud (180° environ) pendant 20 à 25 mn.

Salade de courgettes à la menthe fraîche

Une recette idéale pour l'été, lorsque la paresse et la chaleur vous dissuadent d'accomplir le moindre effort. Soulignées d'un subtil zeste de citron, la courgette croquante et la menthe rivalisent de fraîcheur. Que demander de plus ?

Pour 4 personnes

- *6 belles petites courgettes bien fermes*
- *1 petit bouquet de menthe fraîche*
- *1 citron jaune non traité*
- *2 cuillères à soupe de vinaigre balsamique*
- *5 cuillères à soupe d'huile d'olive*
- *sel et poivre*

Préparation : 15 minutes **Marinade : 1 heure**

- *Laver les courgettes et les découper en rondelles très fines à l'aide d'une mandoline ou d'un petit couteau bien aiguisé (on peut aussi les râper).*
- *Laver la menthe et ciseler la moitié du bouquet.*
- *Laver le citron et prélever la moitié de l'écorce avec un couteau à zeste.*
- *Mettre les courgettes dans un joli saladier. Arroser d'huile d'olive et de vinaigre. Ajouter la menthe ciselée et les filaments de zeste de citron. Saler, poivrer. Mélanger. Laisser macérer 1 heure.*
- *Servir très frais après avoir décoré avec quelques feuilles de menthe entières.*

Sardines crues marinées

Pour 4 personnes

- *8 sardines fraîches, à l'œil bien vif*
- *5 brins de persil plat*
- *5 brins de coriandre*
- *1 citron jaune*
- *huile d'olive*
- *gros sel et poivre*

À l'évocation du poisson cru, nombreux sont ceux qui passent leur chemin. Mais ces sardines-là ne sont pas aussi crues que l'on pourrait croire... Parfumées d'herbes aromatiques, elles sont légèrement confites par le jus de citron, le gros sel et l'huile d'olive. Bref, elles se laissent manger toutes crues.

Préparation : 15 minutes **Marinade : 1 heure**

- *Couper la tête des sardines. Les ouvrir délicatement avec un couteau pointu, en commençant par le ventre. Retirer les arêtes et les viscères. Rincer (en prenant soin d'éliminer les écailles) et essuyer avec du papier absorbant.*
- *Dresser les filets sur un joli plat de service. Arroser d'huile d'olive et de jus de citron. Parsemer de gros sel. Poivrer puis répartir les herbes finement ciselées.*
- *Laisser mariner 1 heure et servir très frais.*

Les Poissons

Un dicton provençal dit que le poisson veut nager trois fois : dans la mer, dans la poêle… et dans le ventre. Frais ou salé, au four, en soupe ou en friture, il règne souvent en maître dans les menus méridionaux. Méprisant dame Sardine et maître Anchois, la Daurade se drape dans sa royauté, tandis que messires Loup et Rouget essaient de ravir la vedette à la timide Castagnole et au discret Marbré. On peut réconcilier tout ce petit monde autour d'une branche de fenouil et d'un filet d'huile d'olive. Ou montrer plus d'audace…

Le grand aïoli

Bien plus qu'une sauce, l'aïoli est un repas. Servi autrefois au moment du carême, il semble avoir été inventé pour faire maigre tout en se festoyant en bonne compagnie... Cuits à la vapeur, les légumes conservent ici couleurs, saveur et croquant, ce qui leur permet de braver sans crainte le tempérament d'une morue goûteuse associée à l'aïoli.

Pour 4 personnes

- *1 kg de morue salée (ou de cabillaud)*
- *16 bulots cuits*
- *12 carottes*
- *2 courgettes*
- *8 bouquets de chou-fleur*
- *8 pommes de terre*
- *2 belles betteraves cuites*
- *500 g de haricots verts*
- *4 œufs durs*
- *4 artichauts*
- *1 feuille de laurier*

Pour l'aïoli

- *8 gousses d'ail dégermées*
- *1 jaune d'œuf extra frais*
- *1 cuillère à café de jus de citron*
- *1 cuillère à café d'eau bouillante*
- *50 cl de bonne huile d'olive pas trop forte*
- *1/3 de cuillère à café de gros sel*
- *poivre*

Tous les ingrédients doivent être à température ambiante.

Préparation : 1 heure **Dessalage : 24 heures** **Cuisson : 30 minutes**

- *La veille, faire dessaler la morue en mettant les morceaux dans une passoire posée au fond d'une bassine, elle-même installée sous un filet d'eau courante (à défaut, laisser tremper la morue dans une bassine et renouveler l'eau plusieurs fois).*
- *Le jour même, préparer l'aïoli. Ébouillanter un mortier. Y piler les gousses d'ail avec le gros sel. Lorsque la pâte est lisse et homogène, ajouter le jaune d'œuf, mélanger et réserver 1/4 d'heure.*
- *Pendant que l'aïoli repose, éplucher les légumes et les cuire séparément à la vapeur. Tenir au chaud.*
- *Reprendre l'aïoli : commencer à verser très lentement l'huile d'olive sur la pommade d'ail en tournant sans arrêt avec le pilon, toujours dans le même sens. Après 3 ou 4 cuillères d'huile, ajouter l'eau bouillante (qui évitera que l'aïoli ne se dissocie), en tournant toujours, puis à nouveau quelques cuillères d'huile. Quand la sauce commence à bien prendre, incorporer tout doucement le jus de citron en remuant sans cesse. Poivrer. Terminer de monter l'aïoli avec ce qu'il reste d'huile d'olive. La sauce est réussie lorsque le pilon se tient droit au milieu du mortier...*
- *Faire pocher la morue avec la feuille de laurier 5 à 8 mn (plus longtemps, elle durcirait). La laisser en attente dans l'eau jusqu'au moment de servir.*
- *Égoutter la morue et la couper en morceaux. Dresser le poisson et les bulots au centre d'un grand plat de service. Disposer les légumes tièdes et les œufs durs autour. Servir l'aïoli dans le mortier.*

La bouillabaisse

La bouillabaisse ne supporte pas la parcimonie. Pour être digne de ce nom, il lui faut une grande variété de poissons de roche : des girelles, des vives, du congre, de la rascasse, du roucaou... Le secret de la réussite tient à la combinaison de ces VIP (very importants poissons) à la personnalité très prononcée. Mais aussi à une cuisson rapide, sur feu vif : 18 minutes, pas plus, dit-on à Marseille.

Pour 8 personnes

- *1 kg de poissons de roche pour le fond*
- *3 kg de poissons variés pour la bouillabaisse (vive, rouget grondin, rascasse, congre, merlan, loup, roucaou, saint-pierre...)*
- *1 dizaine de favouilles (petits crabes verts)*
- *3 oignons émincés finement*
- *1/2 cuillère de safran en poudre ou, mieux, en pistils*
- *2 belles tomates bien mûres*
- *1 écorce d'orange séchée*
- *1 petite branche de fenouil*
- *1 brin de thym*
- *1 brin de persil plat*
- *1 feuille de laurier*
- *4 gousses d'ail écrasées*
- *huile d'olive*
- *sel, poivre*

Préparation : 25 minutes **Cuisson : 45 minutes**

- *Trier les poissons tendres (merlan, loup, roucaou, saint-pierre...) de ceux à chair ferme (vive, rouget, rascasse, congre...). Les écailler, les vider, couper les têtes et les mettre de côté pour le fond. Détailler les poissons en morceaux.*
- *Ébouillanter les tomates, les peler et les hacher menu après les avoir épépinées.*
- *Préparer le fond : faire revenir les oignons avec un peu d'huile d'olive quelques minutes dans un grand faitout. Ajouter les tomates concassées. Laisser cuire 1 mn, puis mettre l'ail écrasé, le thym, le fenouil, le persil, le laurier et l'écorce d'orange. Mouiller avec 3 litres d'eau bouillante puis ajouter les poissons de roche, les favouilles ainsi que les têtes des poissons "nobles". Saler, poivrer. Couvrir et laisser mijoter à petit feu pendant 30 mn environ.*
- *Filtrer le bouillon : utiliser pour ce faire un chinois (ou à défaut une passoire bien fine), dans lequel on pressera les poissons de roche à l'aide d'une cuillère en bois.*
- *Mettre les poissons à chair ferme dans un autre grand faitout. Ajouter le safran et quelques cuillerées d'huile d'olive. Recouvrir avec le fond de poissons (ajouter un peu d'eau bouillante s'il n'y en a pas assez). Faire cuire à gros bouillons pendant 12 mn.*
- *Ajouter les poissons tendres et laisser cuire encore 5 à 6 mn, toujours à feu très vif.*
- *Sortir les poissons avec une écumoire et les dresser sur un plat de service. Servir le bouillon à part, avec des tranches de pain de campagne un peu rassises et de la rouille.*

Pour la rouille, piler 2 gousses d'ail avec 1 ou 2 piments rouges coupés en morceaux et un peu de gros sel. Ajouter une noix de mie de pain rassis trempée dans du lait et essorée. Broyer le tout. Ajouter 2 cuillères à soupe d'huile d'olive. Mélanger, puis délayer avec 15 à 20 cl de bouillon de la bouillabaisse.

Daube de poulpe à l'hysope

Plante vivace poussant en petits buissons, l'hysope se ramasse sur les coteaux arides et rocailleux du Midi (et d'ailleurs...). Son arôme, bien plus puissant que celui du thym, s'accommode fort bien avec la daube, m'a un jour confié une bergère. J'ai donc essayé dans une daube... de poulpe.

Pour 4 personnes

- *1 kg de poulpe*
- *1 gros oignon*
- *150 g de poitrine ou de lard légèrement fumé*
- *1/2 verre de bon cognac*
- *1 bouteille de vin blanc*
- *2 tomates pelées et épépinées*
- *4 gousses d'ail*
- *1 feuille de laurier*
- *1 cuillère à soupe d'hysope*
- *2 branches de persil plat*
- *huile d'olive*
- *sel, poivre*

Préparation : 30 minutes **Repos : 1 nuit**
Cuisson : 2 à 5 heures

- *Séparer le corps du poulpe des tentacules. Le retourner comme un gant pour extraire les intestins et la poche d'encre. Ôter les yeux et le bec. Nettoyer soigneusement le poulpe à l'eau courante et l'ébouillanter 2 mn, avant de le peler en l'essuyant avec un linge.*
- *Couper le poulpe en morceaux et le placer dans une terrine. Saler et poivrer légèrement. Ajouter le laurier, l'hysope et le persil. Arroser de cognac et recouvrir le tout de vin blanc. Laisser mariner une nuit au frais.*
- *Le lendemain, égoutter les morceaux de poulpe. Les faire fricasser dans une cocotte à fond épais sur feu très vif avec 3 cuillères à soupe d'huile d'olive. Baisser le feu, ajouter le lard coupé en tout petits cubes, puis l'oignon en gros morceaux. Laisser revenir quelques minutes à feu moyen.*
- *Ajouter les tomates et les gousses d'ail grossièrement hachées. Faire suer jusqu'à ce que l'eau des tomates s'évapore. Saler, poivrer, puis mouiller avec le jus de la marinade, aromates compris. Couvrir la cocotte et laisser cuire à tout petit feu 2 à 5 heures, selon l'âge du poulpe (plus il est vieux, plus il doit cuire longtemps).*
- *Ôter les aromates et servir très chaud avec du riz de Camargue.*

Castagnole en papillote à la badiane

La castagnole est un poisson frileux qui ne se trouve sur les marchés qu'à partir du mois d'avril, lorsque la mer se réchauffe. Sa chair, proche de celle du thon et de l'espadon, est si goûteuse qu'elle peut se marier avec l'anis étoilé sans rien perdre de sa personnalité.

Pour 4 personnes

- *4 filets de castagnole de 200 g chacun (ou d'espadon)*
- *2 courgettes*
- *1 bulbe de fenouil*
- *1 poivron rouge*
- *1 poivron jaune*
- *1 kg de fèves*
- *4 petites branches de thym*
- *1 toute petite branche de romarin*
- *2 étoiles de badiane écrasées*
- *huile d'olive*
- *gros sel, poivre*
- *4 feuilles d'aluminium de 30 cm de côté*

Préparation : 20 minutes **Cuisson : 15 minutes**

- *Préchauffer le four (220-240°).*
- *Écosser les fèves, puis ôter la petite peau qui recouvre chaque graine.*
- *Parer le fenouil et le tailler en bâtonnets, ainsi que les autres légumes.*
- *Faire chauffer 3 cuillères à soupe d'huile d'olive dans une poêle à fond épais. Faire dorer le fenouil 2 mn puis ajouter les poivrons et les fèves. Au bout de 3 à 4 mn, compléter avec les courgettes, saler légèrement et laisser cuire encore 3 à 4 mn en remuant (les légumes doivent rester croquants). En fin de cuisson, effeuiller le thym et le romarin sur la préparation.*
- *Dresser un lit de légumes au milieu de chaque feuille d'aluminium. Placer dessus le filet de castagnole. Arroser d'un peu d'huile d'olive. Poivrer. Parsemer d'une pincée de gros sel et de badiane écrasée.*
- *Cuire à four très chaud pendant 1/4 d'heure environ.*

Daurade grillée au beurre d'herbes

L'idéal, pour ce plat, ce sont les daurades royales. Leur chair fine et parfumée supporte très bien l'alliance avec les arômes puissants de la marjolaine, du thym, de la sauge et du romarin. Elles ne sont pas les seules : les pageots roses, les sars ou les loups relèvent le même défi avec bonheur...

Pour 4 personnes

- *2 belles daurades écaillées et vidées*
- *1/2 cuillère à soupe de feuilles de romarin*
- *1/2 cuillère à soupe de feuilles de sauge*
- *1 cuillère à soupe de feuilles de marjolaine (origan)*
- *1 cuillère à soupe de feuilles de thym*
- *50 g de beurre frais ramolli*
- *1 cuillère à soupe de farine*
- *huile d'olive*
- *sel (fin et gros), poivre*
- *2 grandes feuilles d'aluminium pour emballer chaque poisson*

Préparation : 15 minutes
Cuisson : 20 minutes

- *Préchauffer le four à 220°.*
- *Inciser profondément le dos des daurades, en partant de la tête, jusqu'à 3 cm de la queue environ.*
- *Ciseler ensemble la marjolaine, le romarin, la sauge et le thym. Préparer le beurre d'herbes dans un bol, en malaxant le beurre ramolli, la farine et les herbes. Saler, poivrer.*
- *Saler légèrement l'intérieur des daurades. Fourrer le dos avec le beurre d'herbes. Badigeonner d'huile d'olive. Parsemer dessus un peu de gros sel, poivrer. Emballer dans une feuille d'aluminium.*
- *Mettre au four 15 à 20 mn.*

Marbré au fenouil

Cousin du pageot, le marbré est un beau poisson argent strié de noir, très goûteux et très moelleux. Cette recette, simplissime et rapide, peut aussi se préparer avec du loup ou de la daurade.

Pour 4 personnes

- *1 ou 2 beaux marbrés écaillés (selon grosseur… et appétit)*
- *4 bulbes de fenouil de taille moyenne avec des pluches*
- *1 oignon*
- *1 cuillère à soupe d'anis en graines*
- *huile d'olive*
- *gros sel, poivre.*

Préparation : 15 minutes **Cuisson : 30 minutes**

- *Faire préchauffer le four à 200°.*
- *Éplucher et émincer l'oignon. Parer le fenouil. Ôter les pluches, les réserver. Tailler les bulbes en petits bâtonnets.*
- *Nettoyer et vider le poisson. Le rincer et bien l'essuyer avec du papier absorbant. Garnir le ventre avec les pluches de fenouil. Saler, poivrer.*
- *Dans une poêle à fond épais, faire dorer l'oignon avec un peu d'huile d'olive. Ajouter les bâtonnets de fenouil et l'anis en graines. Laisser cuire 3-4 mn. Saler, poivrer.*
- *Dresser un lit de légumes dans le fond d'un plat allant au four. Poser le poisson dessus. Arroser d'un filet d'huile d'olive et mettre à four chaud pendant 25 à 30 mn selon la grosseur du poisson.*

Morue en raïto

Préparation : 20 minutes **Dessalage : 24 heures**
Cuisson : 25 minutes

Il paraît que c'est l'une des plus anciennes recettes provençales. D'origine ionienne, elle a traversé les siècles sans encombre et s'est invitée au "gros soupa" de la veille de Noël.

Pour 4 personnes

- *800 g de morue*
- *1 oignon finement haché*
- *2 gousses d'ail*
- *3 tomates pelées et épépinées*
- *bouquet garni composé d'1 feuille de laurier, 3 branches de thym et 3 autres de persil plat*
- *1/2 litre de vin rouge bien corsé*
- *1/2 litre d'eau bouillante*
- *2 cuillères à soupe de câpres*
- *farine*
- *huile d'olive*
- *sel, poivre*

La veille, faire tremper la morue en prenant soin de changer l'eau souvent.

Le lendemain, faire fondre les tomates dans un peu d'huile d'olive et laisser réduire jusqu'à obtenir une purée.

Faire dorer légèrement l'oignon haché dans une sauteuse avec de l'huile d'olive. Poudrer d'une cuillère à soupe de farine et remuer vivement, comme pour préparer un roux. Mouiller avec le vin rouge et finir de délayer avec l'eau bouillante. Saler légèrement, poivrer. Faire bouillir quelques minutes avant d'ajouter l'ail haché, la purée de tomates et le bouquet garni. Laisser cuire encore 10 mn environ : la sauce doit être bien épaisse.

Égoutter la morue, bien l'essuyer. La couper en tronçons. Fariner chaque morceau et les faire frire à la poêle, 1 mn de chaque côté.

Mettre la morue frite dans la sauce au vin et laisser mijoter sur feu doux 7 à 8 mn. Servir très chaud.

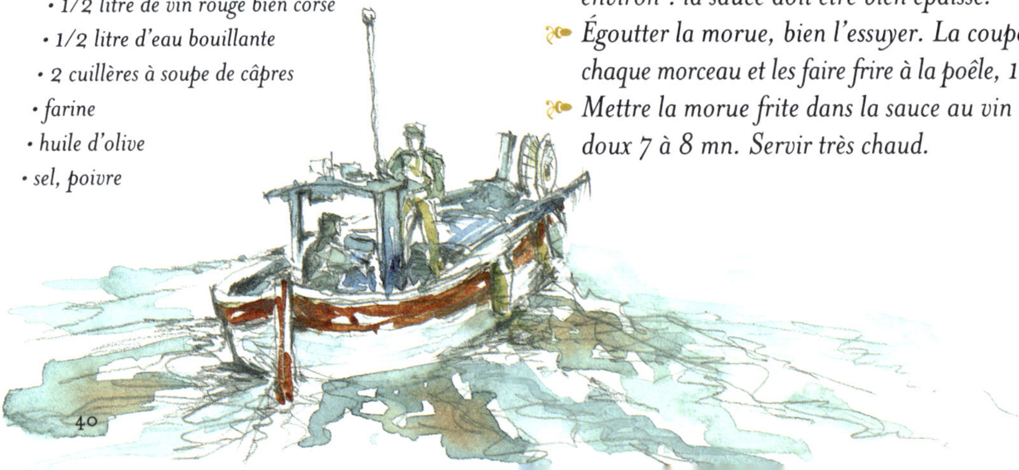

Filets de rascasse sur lit de ratatouille

Pour 4 personnes

- *4 beaux filets de rascasse*
- *1 grand bol de ratatouille à peine cuite (voir recette p. 70)*
- *1 citron*
- *huile d'olive*
- *gros sel, poivre*

Une recette toute simple. Les filets de rascasse s'imprègnent en cuisant des saveurs multiples d'une ratatouille mi-cuite. Un pur délice...

Préparation : 10 minutes
Cuisson : 15 minutes

- *Préchauffer le four à 200-220°.*
- *Disposer un lit de ratatouille dans le fond d'un plat allant au four.*
- *Poser les filets de rascasse dessus. Arroser chaque morceau d'un filet d'huile d'olive et de jus de citron. Poivrer. Parsemer de gros sel.*
- *Faire cuire 12 à 15 mn, le plus près possible de la résistance du four.*

Rougets de roche, sauce à l'oursin

Je voulais associer le goût prononcé des rougets de roche à la saveur délicate de l'oursin. J'en parlais à mon frère Guillaume, cuisinier inventif qui aime travailler de concert matière et goût. Nous rêvâmes ensemble de ceci...

Pour 4 personnes

- *8 rougets*
- *12 oursins violets*
- *4 fonds d'artichauts*
- *1 grand verre de vin blanc sec*
- *20 cl de crème fraîche*
- *huile d'olive*
- *sel, poivre*

Préparation : 25 minutes
Cuisson : 10 minutes

- *Laver et vider les rougets avant de lever les filets. Les badigeonner d'huile d'olive et les poser dans un plat supportant le gril du four. Saler, poivrer.*
- *Ouvrir délicatement les oursins en introduisant une branche de ciseaux pointus dans la partie molle au milieu des piquants (la bouche). Découper un chapeau et extraire les langues de corail. Réserver.*
- *Faire chauffer le gril du four.*
- *Émincer les fonds d'artichauts en lamelle de 2 à 3 mm. Les poêler rapidement à l'huile d'olive et déglacer au vin blanc. Ajouter la crème puis le corail d'oursins. Mélanger rapidement et laisser cuire 2 à 3 mn sur feu vif. Couper le feu, couvrir et réserver.*
- *Faire cuire les filets au gril 2 mn de chaque côté. Napper de crème à l'oursin. Servir sans attendre avec des pommes vapeur ou du riz sauvage.*

La falaise du Devenson dans le massif des Calanques.

Sardines en escabèche

À l'origine, la préparation de ces sardines, doublement cuites dans la friture et la marinade, avait pour but de masquer d'éventuels défauts de fraîcheur... La rouerie de certains cuisiniers a finalement donné naissance à un grand classique de la gastronomie, haut en couleur, et légèrement acidulé par un trait de bon vinaigre.

Pour 4 personnes

- *12 sardines*
- *2 oignons*
- *3 carottes*
- *1 gousse d'ail dégermée*
- *10 cl de bon vinaigre de vin*
- *2 branches de thym*
- *1 feuille de laurier*
- *1 cuillère à café d'origan*
- *1 piment aux oiseaux*
- *3 cuillères à soupe de farine*
- *huile d'olive*
- *sel, poivre*

Préparation : 15 minutes **Marinade : 2 à 4 jours**
Cuisson : 10 minutes

- *Vider les sardines en tirant délicatement sur la tête (pour ôter l'arête centrale) et les essuyer avec du papier absorbant pour les écailler. Les laver, les sécher puis les fariner.*
- *Faire frire les sardines dans une sauteuse avec un peu d'huile d'olive (environ 2-3 mn de chaque côté). Les égoutter sur du papier absorbant. Réserver.*
- *Ajouter 2 cuillères à soupe d'huile dans la sauteuse pour y faire blondir les oignons et les carottes émincés en fines rondelles. Quand les légumes sont dorés, ajouter l'ail pilé, le thym, le laurier, l'origan et le piment aux oiseaux. Saler, poivrer légèrement. Mélanger. Laisser cuire 1 mn, puis verser le vinaigre d'un coup. Laisser mijoter 8 à 10 mn à petits bouillons.*
- *Mettre la moitié des légumes bouillants dans une terrine. Poser dessus les sardines et les recouvrir du reste des légumes. Couvrir et laisser mariner au frais 2 à 4 jours.*
- *Servir très froid, avec du pain de campagne grillé.*

Sartanade de mange-tout

C'est la friture de petits poissons. On y trouve pêle-mêle une foule d'espèces, comme les sardinettes, les anchois, les gobies, les bogues, les rougets ou les girelles. D'où leur nom de mange-tout. Frits dans une sartan (poêle en provençal), ils sont ensuite arrosés d'un filet de vinaigre bouillant (ou de citron) pour relever leur goût un peu fade.

Pour 4 personnes

- *500 g de petits poissons (plus ils sont petits, meilleurs ils sont)*
- *75 g de farine*
- *10 cl d'huile d'olive*
- *2 cuillères à soupe de vinaigre (ou de citron)*
- *sel, poivre*

Préparation : 10 minutes
Cuisson : 30 minutes

- *Rincer les poissons, les sécher soigneusement dans du papier absorbant.*
- *Saler et poivrer la farine. Rouler les poissons entiers dedans.*
- *Faire chauffer l'huile d'olive dans une poêle de taille moyenne de façon à ce que les poissons soient bien serrés dedans. Jeter les poissons dans l'huile. Les laisser roussir sans les remuer, en secouant juste la poêle de temps en temps. Quand ils sont bien dorés d'un côté, les retourner d'un seul bloc, comme une crêpe, en s'aidant d'une assiette. Laisser dorer l'autre côté de la même manière.*
- *Faire chauffer le vinaigre, en arroser la sartanade et servir très chaud.*

Les Viandes & les Volailles

La cuisine provençale étant traditionnellement frugale, viandes et volailles ne s'invitaient à table que les jours de fête. Si on les consomme plus souvent aujourd'hui, on continue de les préparer avec art et herbes fines. Les râbles de lapin s'entourent de radis confits et les poulets de gousses d'ail. Les cailles se laissent farcir de figues et le porc de feuilles de sauge. Quant aux gigots, ils rôtissent doucement sur des lits de romarin, pendant que les daubes se parfument d'hysope et d'écorce d'orange.

Alouettes sans tête

Pour 4 personnes

- *4 tranches très fines de bœuf (10 cm de côté environ)*
- *300 g de petit salé haché*
- *500 g d'épinards*
- *3 gousses d'ail dégermées et hachées*
- *12 baies de genièvre écrasées*
- *1 branche de céleri*
- *1 poignée de persil plat*
- *5 branches de thym*
- *1 petite cuillère à soupe de sarriette*
- *1 bouquet garni composé de persil plat, de thym et de romarin*
- *1 verre de vin blanc*
- *1 livre de tomates pelées et concassées*
- *1 cuillère à soupe de concentré de tomates*
- *1 cuillère à soupe de farine*
- *huile d'olive*
- *poivre*

Une variation provençale de la traditionnelle paupiette, amendée d'une poignée d'épinards, d'un peu de thym et de sarriette pour la rendre plus légère et plus parfumée.

Préparation : 25 minutes **Cuisson : 2 heures**

- *Préparer la farce en mélangeant intimement le petit salé haché, les épinards blanchis (3 mn à l'eau bouillante) et grossièrement hachés, l'ail, les baies de genièvre écrasées, le céleri coupé en petits tronçons, le thym effeuillé, la sarriette et le persil finement ciselé. Poivrer, mais surtout ne pas saler (le petit salé s'en charge...).*
- *Étaler une tranche de bœuf sur une planche à découper. L'écraser avec le plat du couteau si nécessaire. Déposer au milieu une cuillère à soupe de farce. Rouler la tranche et la lier solidement avec du fil de cuisine. Faire de même avec les trois autres tranches.*
- *Dans une cocotte en fonte, faire chauffer un peu d'huile d'olive. Y mettre à dorer les alouettes sans tête. Saupoudrer de farine. Ajouter le vin blanc, le bouquet garni, les tomates concassées et le concentré. Mélanger. Compléter avec un peu d'eau si la viande n'est pas complètement recouverte de sauce.*
- *Couvrir et laisser cuire à feu doux au moins 2 heures (il faut que les alouettes soient bien tendres). Servir avec du riz de Camargue et des épinards.*

Gigot d'agneau à la "moutarde provençale"

La "moutarde provençale" désigne une crème d'ail, dont il est difficile de se passer quand on l'a goûtée une fois. Bouillies, les gousses perdent toute agressivité et prennent la consistance de la pomme de terre. Elles sont alors mariées avec le prince de la cuisine provençale : l'anchois. Une délectable histoire d'amour...

Pour 6 à 8 personnes

- *1 gigot d'agneau de 2 kg environ, bien bombé*
- *quelques brindilles de thym*
- *6 ou 8 branches de romarin*
- *6 têtes d'ail*
- *12 anchois à l'huile*
- *huile d'olive*
- *sel, poivre*

Préparation : 20 minutes **Marinade : 1 heure minimum**
Cuisson : 15 minutes par livre pour une viande rosée

- *Préchauffer le four à 220°.*
- *Mélanger 4 cuillères à soupe d'huile d'olive, le thym effeuillé et le poivre. Enduire généreusement le gigot de cette préparation (ne pas saler). Laisser mariner 1 heure minimum.*
- *Disposer les branches de romarin au fond d'un plat allant au four. Poser le gigot dessus et l'enfourner. Compter 10 mn par livre pour une viande saignante, 15 pour une chair rosée. Retourner le gigot de temps en temps, pour qu'il soit bien doré de tous côtés. Saler en fin de cuisson.*
- *Pendant la cuisson du gigot, mettre les gousses d'ail non épluchées dans une casserole, couvrir d'eau et porter à ébullition. Laisser cuire doucement 5 mn, puis vider le liquide pour le remplacer par une nouvelle eau bouillante. L'ail est cuit lorsqu'il s'écrase sous la pression du doigt. Égoutter (réserver l'eau de cuisson) et pincer les gousses pour en extraire la chair.*
- *Écraser l'ail cuit avec les anchois coupés en morceaux jusqu'à obtenir une crème de la consistance de la moutarde (ajouter un peu d'eau de cuisson si besoin). Lorsque le gigot est cuit, le sortir du four, le caler sur une planche à découper, os en l'air, et le couvrir de papier aluminium. Le laisser reposer ainsi 10 à 15 mn.*
- *Découper le gigot en tranches fines et servir avec la crème d'ail.*

Tian d'agneau au thym et au zeste de citron

Pour 4 personnes

- 400 g de filets d'agneau
- 2 aubergines
- 2 courgettes
- 1 petite tomate bien mûre
- 1 gousse d'ail
- 1 citron jaune non traité
- 5 brindilles de thym frais
- huile d'olive
- gros sel, poivre

Originaire du Comtat Venaissin, le mot "tian" désignait à l'origine un grand plat de terre rouge vernissé dans lequel on faisait cuire de nombreuses préparations au four. Il évoque aujourd'hui la préparation elle-même. Ici, la marinade à l'écorce de citron donne à l'agneau un goût très subtil.

Préparation : 15 minutes **Marinade : 2 heures**
Cuisson : 25 minutes

- *Découper l'agneau en tranches fines et le mettre à mariner au moins 2 heures avec le zeste du citron finement râpée, le thym effeuillé et 4 cuillères à soupe d'huile d'olive.*
- *2 heures plus tard, préchauffer le four à 210°.*
- *Couper les aubergines et les courgettes (dans le sens de la longueur).*
- *Faire chauffer un peu d'huile d'olive dans une poêle et y mettre à dorer les tranches d'aubergines et de courgettes. Égoutter sur du papier absorbant. Saler, poivrer.*
- *Huiler un tian en terre et le frotter avec la gousse d'ail. Disposer les tranches d'agneau marinées, les aubergines et les courgettes, en les intercalant et les faisant se chevaucher, comme pour une tarte. Au centre, mettre la tomate coupée en 2. Parsemer d'huile d'olive et de thym. Saler, poivrer.*
- *Mettre au four 25 mn.*

Cailles farcies aux figues

Idéale pour prévenir le dessèchement d'une caille cuite au four, la figue est ici relevée d'une pointe de cumin, qui fait voyager les papilles de l'autre côté de la Méditerranée.

Pour 4 personnes

- *4 cailles parées et vidées*
- *300 g de petites figues*
- *1 poignée de persil plat*
- *75 g de raisins de Corinthe, de noisettes et d'amandes hachés ensemble*
- *4 brindilles de thym*
- *1/2 cuillère à café de cumin*
- *1 œuf*
- *huile d'olive*
- *sel, poivre*

Préparation : 10 minutes **Cuisson : 30 minutes**

- *Préchauffer le four à 200°.*
- *Mélanger dans un bol les figues coupées en 4, le persil finement ciselé, les fruits secs hachés, le thym effeuillé, le cumin et l'œuf battu. Saler, poivrer.*
- *Farcir les cailles en introduisant la préparation par le croupion. Fermer l'ouverture avec une aiguille à brider et du fil de cuisine.*
- *Graisser un plat allant au four. Disposer les cailles dedans. Arroser d'un filet d'huile d'olive. Saler, poivrer et enfourner.*
- *Laisser cuire à four chaud 15 mn. Retourner les cailles sur le dos, les arroser de jus. Baisser le feu à 180° et remettre à cuire 10 mn. Les remettre à l'endroit et laisser dorer encore 5 mn environ.*

Daube à la provençale

Il n'y a pas vraiment de vérité en matière de daube : chaque maison a la sienne. Pensez à remplacer le thym par un brin d'hysope sauvage. La pointe d'amertume mentholée de cette jolie vivace convient fort bien aux saveurs corsées de la daube.

Pour 6 à 8 personnes

- *2 kg de bœuf (gîte et noix)*
- *5 oignons*
- *2 cuillères à soupe de bon vinaigre de vin*
- *5 clous de girofle*
- *1 belle poignée d'hysope fraîche (ou à défaut de thym)*
- *5 feuilles de laurier*
- *2 gousses d'ail*
- *1 cuillère à café de muscade*
- *4 baies de genièvre écrasées*
- *1 kg de carotte*
- *2 bouteilles de bon vin rouge (côtes-de-provence ou côtes-du-rhône)*
- *3 cuillères à soupe de concentré de tomates*
- *500 g de tomates*
- *200 g de lard*
- *1 écorce d'orange séchée (ou un zeste d'orange non traitée)*
- *huile d'olive, gros sel, poivre*

Automne dans Les Baux-de-Provence, vus du chemin de Saint-Rémy.

Préparation : 45 mn **Marinade : 24 heures (au minimum une nuit)**
Cuisson : 4 heures

- *Découper la viande en cubes de 8 cm environ.*
- *Éplucher les oignons. En émincer 4 finement. Couper le cinquième en 2 et le piquer de clous de girofle.*
- *Mélanger le vin et le vinaigre dans un grand récipient. Y mettre les cubes de bœuf, les oignons, l'hysope, les feuilles de laurier, la muscade, le genièvre, l'ail émincé et 2 carottes épluchées et découpées en fines rondelles. Laisser mariner environ 24 heures.*
- *Le lendemain, trier la viande et les oignons. Réserver la marinade.*
- *Dans une cocotte en fonte (ou, mieux, une daubière en terre vernissée), faire chauffer 3 cuillères à soupe d'huile d'olive et y verser les oignons égouttés. Laisser dorer doucement 4 à 5 mn et les sortir. Mettre à la place les morceaux de viande et leur faire prendre de la couleur (procéder en plusieurs fois pour que les morceaux soient tous bien colorés).*
- *Quand la viande est dorée à point, ajouter le lard coupé en petits dés et les oignons. Remuer. Saler, poivrer. Ajouter le concentré de tomates. Mélanger puis mouiller avec la marinade et ses aromates. Laisser cuire 1 heure à tout petits bouillons.*
- *Au bout d'une heure, ajouter le reste des carottes épluchées et émincées en fines rondelles, les tomates pelées et épépinées ainsi que l'écorce d'orange (si l'on utilise le zeste frais, ne l'ajouter qu'au cours des 30 dernières minutes de cuisson). Couvrir et laisser encore cuire 3 heures à petit feu (de préférence en plusieurs fois : la daube est encore meilleure réchauffée).*
- *Servir avec des pommes vapeur ou une macaronade (macaronis arrosés de sauce de daube et gratinés au four).*

Râbles de lapin rôtis aux radis confits

Une recette d'origine nîmoise, à laquelle j'ajoute un soupçon de miel. Elle allie la légère amertume du radis confit à la chair très parfumée du lapin mariné dans le thym, la sarriette, le romarin et la marjolaine.

Pour 4 personnes

- *4 râbles de lapin*
- *1 botte de petits radis roses*
- *4 brindilles de thym*
- *1 feuille de laurier*
- *1 petite branche de romarin*
- *1 cuillère à café de sarriette*
- *1 cuillère à café de marjolaine*
- *1 cuillère à café de miel*
- *quelques brins de persil plat*
- *huile d'olive*
- *sel, poivre*

Préparation : 15 minutes **Marinade : 12 heures**
Cuisson : 1 heure

- *Laisser mariner les râbles de lapin au moins 12 heures dans un mélange d'huile d'olive et d'herbes aromatiques. Saler, poivrer.*
- *Dans une cocotte à fond épais, faire chauffer l'huile d'olive pour y faire revenir les radis lavés dont on aura laissé un petit bout de fane. Ajouter le miel. Remuer. Saler, poivrer. Couvrir et laisser confire à feu doux de 45 mn à 1 heure, jusqu'à ce que les radis deviennent translucides.*
- *20 mn avant la fin de cuisson des radis, badigeonner d'huile d'olive les morceaux de lapin. Les faire rôtir sous un gril très chaud.*
- *Lorsque les radis et le lapin sont cuits, les dresser sur un plat de service, saupoudrer de persil plat ciselé et servir très chaud avec des cocos plats assaisonnés d'huile d'olive.*

Fricassée de poulet mariné

Rapide et facile à réaliser, cette recette doit toute son originalité au déglaçage final : un simple jus de citron, qui apporte une touche acidulée à une fricassée parfumée d'herbes fortes en goût.

Pour 4 personnes

- *600 g de filets de poulet fermier*
- *1 grosse poignée d'herbes mélangées (persil plat, sauge, romarin, thym, romarin, marjolaine)*
- *le jus d'un citron jaune*
- *2 gousses d'ail dégermées*
- *huile d'olive*
- *sel, poivre*

Préparation : 10 minutes **Marinade : 2 à 3 heures**
Cuisson : 10 minutes environ

- *2 à 3 heures avant la cuisson, faire mariner le poulet découpé en lanières dans 5 cuillères à soupe d'huile mélangée aux herbes aromatiques hachées menu et à l'ail écrasé. Saler, poivrer.*
- *Une fois le poulet mariné, faire chauffer un peu d'huile d'olive dans une poêle à fond épais. Quand l'huile est bien chaude, y jeter les morceaux de poulet et laisser dorer sur feu vif pendant 10 mn environ, en remuant souvent.*
- *Quand la viande est cuite, la dresser sur un plat de service chaud. Couvrir.*
- *Déglacer les sucs avec le jus de citron en grattant bien le fond de la poêle à l'aide d'une spatule en bois. Saler, poivrer.*
- *Verser la sauce sur le poulet et servir sans attendre, accompagné de courgettes sautées.*

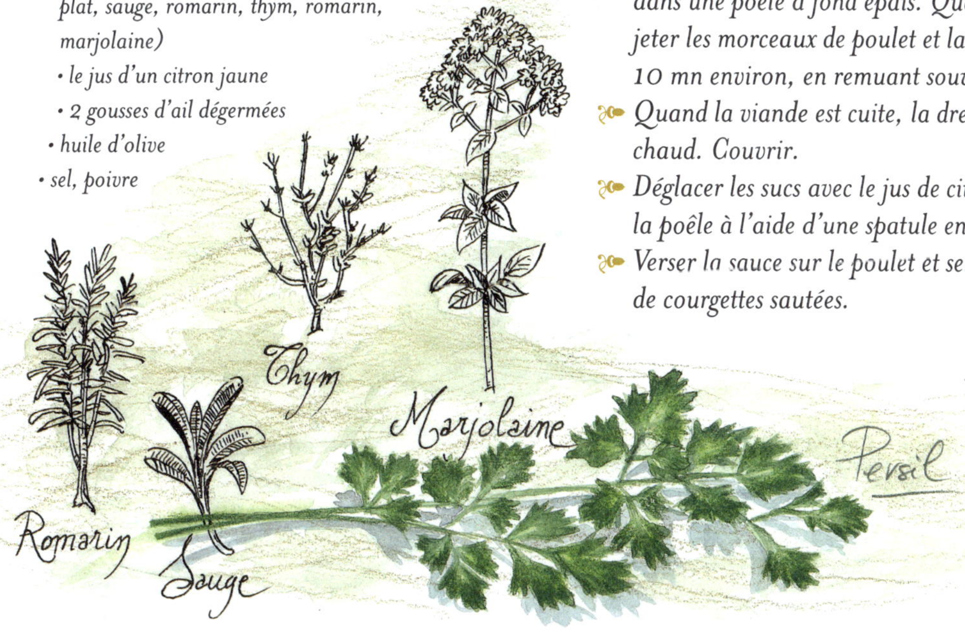

Poulet aux 40 gousses d'ail

Pour 4 personnes

- *1 beau poulet fermier vidé*
- *40 gousses d'ail*
- *quelques brins de thym*
- *huile d'olive*
- *sel, poivre*

"Quoi ? 40 gousses d'ail pour un seul poulet ?" Eh oui ! Certains vont même jusqu'à 50... Car l'ail cuit dans sa peau développe un parfum très doux, bien différent de celui de l'ail cru, et imprègne agréablement la chair du poulet.

Préparation : 10 minutes

Cuisson : environ 1 heure

- *Préchauffer le four à 220°.*
- *Saler et poivrer généreusement l'intérieur du poulet. Y glisser 4 brins de thym ainsi qu'une trentaine de gousses d'ail écrasées, mais non épluchées. Fermer l'ouverture avec une aiguille à brider et du fil de cuisine.*
- *Faire infuser 3 brins de thym dans un verre d'eau bouillante pendant 3 à 5 mn.*
- *Verser l'infusion au fond d'une terrine ou d'une cocotte munie d'un couvercle. Placer le poulet au centre et l'entourer des gousses d'ail restantes, non épluchées.*
- *Fermer la terrine et enfourner le poulet 1 heure environ (tout dépend de sa taille), sans ouvrir le couvercle.*
- *Servir avec des croûtons frits dans l'huile d'olive et frottés d'ail.*

Longe de porc à la sauge

La sauge est une des plantes les plus utilisées de la cuisine provençale. Associée ici à la moutarde, son goût tonique relève avec subtilité le goût un peu fade du porc.

Pour 4 à 6 personnes

- *1 kg de longe de porc*
- *750 g de petits oignons nouveaux*
- *3 belles gousses d'ail dégermées et coupées en 4*
- *2 cuillères à soupe de moutarde*
- *2 cuillères à soupe de sauge*
- *huile d'olive*
- *sel, poivre*

Préparation : 15 minutes **Cuisson : 40 minutes**

- *Préchauffer le four à 220°.*
- *Inciser la viande et la piquer des quarts de gousses d'ail. Saler légèrement. Étaler la moutarde sur toute la surface puis parsemer de feuilles de sauge. Rouler la longe et la ficeler comme un rôti.*
- *Éplucher les oignons et couper les plus gros en 2.*
- *Huiler le fond d'une cocotte. Verser les oignons de façon à en faire un lit de 2 ou 3 cm d'épaisseur et placer la longe dessus. Saler et poivrer légèrement. Ajouter un peu d'eau. Couvrir.*
- *Mettre au four pendant 30 à 40 mn.*
- *Servir avec des pommes vapeur et un mesclun.*

Veau en cocotte

Pour 4 personnes

- *800 g de bas de carré de veau*
- *5 oignons rouges*
- *2 branches de céleri*
- *1 bulbe de fenouil*
- *4 belles tomates bien mûres*
- *1 bouquet garni (thym, laurier, feuille de céleri et persil plat ficelés en bottillon)*
- *1 cuillère à soupe de graines de fenouil*
- *5 petites gousses d'ail dégermées*
- *30 cl de vin blanc*
- *1 poignée d'olives noires (de Nyons de préférence)*
- *huile d'olive*
- *sel, poivre*

Le goût sucré de l'oignon rouge se combine à merveille avec la légère amertume de l'olive et l'odeur fine de la graine de fenouil. Un plat coloré, qui mérite d'être réchauffé pour que le moelleux de la viande s'imprègne bien du parfum des légumes.

Préparation : 30 minutes **Cuisson : 1 h 30 à 2 heures**

Couper le veau en gros cubes de 5 cm de côté. Émincer les oignons, le fenouil et le céleri. Peler et épépiner les tomates avant de les hacher grossièrement.

Dans une cocotte à fond épais, faire chauffer un peu d'huile d'olive pour y laisser dorer les morceaux de veau sur feu moyen.

Une fois le veau bien coloré sur toutes ses faces, ajouter les oignons. Mélanger. Laisser fondre 3 à 4 mn avant d'ajouter le fenouil, le céleri, l'ail puis les tomates. Mettre le bouquet garni. Mouiller avec le vin blanc, compléter avec un peu d'eau si nécessaire. Saler, poivrer.

Laisser cuire sur feu doux pendant 1 heure et demie minimum : il faut que la viande soit bien moelleuse. 30 mn avant la fin de la cuisson, ajouter les olives.

Servir avec du riz de Camargue ou de la polenta.

Les Légumes

Aubergine de Barbentane, haricot coco rose d'Eyragues, blette et courgette ronde de Nice, piment tendre de Châteaurenard, épinard de Carpentras, artichaut d'Hyères... Leur nom chante les couleurs de la Provence. Les légumes du Midi se savourent au rythme des saisons. Compagnons de tous les repas, ils recèlent des trésors de couleurs, de goûts et de formes insolites. Crus, grillés, farcis, mitonnés, gratinés, ils convolent en toute sérénité avec le thym, le romarin, la sarriette, la sauge et le basilic.

L'indispensable coulis de tomates

Bien sûr on pense aux pâtes, aux lasagnes et autres gnocchis... Mais ne cantonnez pas le coulis à son traditionnel rôle d'assaisonneur ! Trouvez-lui d'autres terrains de jeu, comme les courgettes, les poivrons, les aubergines, ou encore les viandes (porc ou bœuf haché...) et les poissons. Et n'hésitez pas à jouer avec les herbes et les condiments : la recette ci-dessous appelle toutes les variations...

Pour 4 personnes

- *1 kg de tomates bien mûres*
- *1 gros oignon*
- *1 bouquet garni composé de 3 branches de thym, 1 feuille de laurier, 6 brins de persil plat, le tout lié en bottillon*
- *2 gousses d'ail dégermées*
- *1 petite cuillère à café de miel*
- *huile d'olive*
- *sel, poivre*

Préparation : 15 minutes **Cuisson : 10 minutes**

- *Plonger les tomates 5 mn dans l'eau bouillante. Égoutter et laisser refroidir avant de les peler. Une fois épluchées, couper les tomates en 4 et les presser pour en éliminer l'eau et les graines.*
- *Dans une cocotte, faire chauffer un peu d'huile d'olive. Y mettre à blondir l'oignon finement émincé. Ajouter l'ail puis les tomates et le bouquet garni. Saler légèrement, poivrer. Faire cuire sur feu vif pendant 10 mn. Ôter le bouquet garni et passer au moulin à légumes (grille moyenne).*
- *Ce coulis se conserve 2 à 3 jours au frais.*

Artichauts à la barigoule

Pour 4 personnes

- *12 petits artichauts violets, tendres et sans foin*
- *2 oignons*
- *3 échalotes*
- *2 carottes*
- *2 citrons*
- *1 bon verre de vin blanc*
- *1 bouquet de persil plat*
- *huile d'olive*
- *sel, poivre*

Mon père m'en avait parlé comme d'un plat mythique réservé aux grands chefs : je n'avais donc guère osé me lancer, jusqu'à ce que je découvre l'extrême simplicité de la recette...
Le secret de la réussite tient à la cuisson. Les artichauts mijotent très longtemps au milieu d'une julienne de légumes aromatisée de vin blanc.

Préparation : 15 minutes **Cuisson : 2 heures**

- *Mettre 2 cuillères à soupe d'huile d'olive dans le fond d'une cocotte. Y ajouter les oignons, les échalotes et les carottes émincés. Saler, poivrer. Mélanger.*
- *Laver les artichauts. Leur casser la queue. Ôter les feuilles extérieures les plus dures. Couper les autres feuilles aux ciseaux de façon à ne conserver que 2 à 3 cm au-dessus du fond. Enlever le foin si nécessaire. Citronner les artichauts abondamment pour éviter qu'ils noircissent.*
- *Saler et poivrer les artichauts. Les poser sur le lit de légumes. Arroser d'huile d'olive, de vin blanc et d'un verre d'eau. Couvrir et laisser cuire à tout petit feu pendant environ 1 h 30 à 2 heures : le liquide doit avoir entièrement disparu.*
- *Servir très chaud avec un hachis de persil plat (éventuellement parfumé d'une gousse d'ail) sur chaque artichaut.*

Bohémienne

Délicieuse avec l'agneau ou, froide, avec une caillette, la bohémienne est une préparation onctueuse à base d'aubergines et de tomates. Nombreux sont ceux qui, comme Reboul, le "pape" de la cuisine provençale, ajoutent une courgette et des poivrons (vert et rouge). Je la préfère sans...

Pour 4 personnes

- *5 aubergines*
- *5 tomates bien mûres*
- *2 oignons*
- *3 gousses d'ail*
- *1 bouquet de persil plat*
- *1 cuillère à café de sarriette*
- *1 petite cuillère à café de miel ou de sucre*
- *huile d'olive*
- *sel, poivre*

Préparation : 15 minutes **Cuisson : 35 minutes**

Ébouillanter les tomates 2 mn. Les peler, les couper en 2 et les presser pour en ôter l'eau et les pépins. Les concasser.

Faire revenir les oignons émincés dans une cocotte avec un peu d'huile d'olive. Ajouter les aubergines coupées en gros cubes (avec leur peau), les tomates et le miel (ou le sucre). Saler, poivrer. Mélanger.

Faire cuire à découvert pendant 10 mn, en remuant fréquemment, le temps que l'eau s'évapore. Couvrir et laisser cuire encore 15 mn. Au bout de ce temps, ajouter l'ail dégermé et haché, le persil ciselé et la sarriette. Mélanger et terminer la cuisson (10 mn environ).

Servir très chaud (éventuellement gratiné avec du parmesan) ou bien froid avec un filet de vinaigre.

Blettes gratinées à la tomme sèche

Cuites dans une eau infusée de romarin, les blettes sont ensuite gratinées avec un fromage corsé qui relève et fait croustiller des légumes trop souvent décriés. Et si vous ne redécouvrez pas les blettes après ça !

Pour 4 personnes

- *1 botte de grandes blettes (ou 2 de petites)*
- *1 branche de romarin*
- *100 g de tomme sèche (de brebis ou de chèvre)*
- *2 gousses d'ail*
- *huile d'olive*
- *sel, poivre*

Préparation : 15 minutes **Cuisson : 25 minutes**

- *Laver et éplucher les blettes en retirant soigneusement les côtes. Les couper en morceaux.*
- *Faire chauffer une grande quantité d'eau salée avec la branche de romarin. Quand l'eau bout, y plonger les blettes et laisser cuire 8 à 10 mn. Ôter le romarin et égoutter.*
- *Faire légèrement blondir l'ail dégermé et émincé dans une poêle avec 2 cuillères à soupe d'huile d'olive. Ajouter les blettes. Saler, poivrer. Faire revenir 5 mn.*
- *Mettre les blettes dans un plat allant au four. Parsemer de tomme râpée et faire gratiner sous le gril pendant 5 à 10 mn jusqu'à ce que ce soit bien doré.*

Courgettes rondes farcies à la tapenade

Les courgettes farcies, tout le monde connaît. Et beaucoup n'aiment pas à cause de l'inévitable chair à saucisse dont on les afflige... Pourquoi ne pas la remplacer par une farce de légumes, soutenue d'une touche de tapenade ?

Pour 4 personnes

- *4 belles courgettes rondes*
- *2 oignons*
- *4 gousses d'ail*
- *4 tomates bien mûres*
- *2 cuillères à soupe de tapenade*
- *1 bouquet garni (persil plat, thym, romarin, laurier liés ensemble)*
- *1 œuf*
- *3 cuillères à soupe de riz rond*
- *50 cl de coulis de tomates (recette p. 58)*
- *huile d'olive*
- *sel, poivre*

Préparation : 15 minutes **Cuisson : 40 minutes**

- *Laver les courgettes, découper le chapeau (le réserver) et extraire la pulpe délicatement à l'aide d'une petite cuillère. Faire blanchir les courgettes évidées 3 mn dans de l'eau bouillante salée.*
- *Laver les tomates, les ébouillanter et les peler. Les couper en 4 et les presser pour les épépiner.*
- *Dans une casserole à fond épais, faire blondir les oignons finement émincés dans 2 cuillères à soupe d'huile d'olive. Ajouter l'ail dégermé et haché ainsi que la pulpe de courgette concassée. Quand l'oignon est transparent, verser le riz, remuer jusqu'à ce que les grains soient translucides. Ajouter les tomates grossièrement hachées. Couvrir et laisser cuire sur feu doux pendant 10 mn. Laisser refroidir.*
- *Quand le riz est tiède, casser 1 œuf et le mélanger vigoureusement à la préparation. Ajouter la tapenade. Rectifier l'assaisonnement.*
- *Farcir les courgettes. Replacer le chapeau.*
- *Mettre le coulis de tomates et le bouquet garni dans une cocotte. Disposer dessus les courgettes farcies. Couvrir et laisser cuire sur feu doux 25 à 30 mn (les courgettes doivent être tendres).*

Fèves au poivre d'âne

Le poivre d'âne est le nom que l'on donne à la sarriette dans le Midi. Réputée pour corriger la "ventosité" de certains féculents (disaient les médecins au XVIIe siècle...) et les défaillances amoureuses (disent encore certains herboristes), elle affiche un petit parfum de garrigue qui change de celui du thym.

Pour 4 personnes

- *1 kg de fèves fraîche*
- *1 botte d'oignons nouveaux*
- *2 gousses d'ail*
- *2 cuillères à soupe de sarriette*
- *huile d'olive*
- *sel, poivre*

Préparation : 5 minutes **Cuisson : 20 minutes**

- *Écosser les fèves, puis ôter la pellicule qui recouvre chaque graine.*
- *Éplucher les oignons nouveaux en gardant un peu de vert. Les émincer.*
- *Dans une cocotte, faire blondir les oignons dans 2 cuillères à soupe d'huile d'olive. Ajouter les fèves, puis l'ail dégermé et haché ainsi que la sarriette. Saler, poivrer. Mélanger et laisser dorer 5 mn à feu vif en remuant fréquemment. Baisser le feu. Mouiller d'un demi-verre d'eau, couvrir et faire cuire encore 15 mn environ : les fèves doivent avoir pris une belle couleur foncée.*

Manosque, depuis le Mont d'Or.

Aubergines panées à la marjolaine

L'idée de la chapelure parfumée me fut donnée par une bergère de l'Ubaye qui usait à merveille des plantes sauvages. Déclinable à l'infini, elle permet d'enrober de moelleuses tranches d'aubergine d'une pellicule croustillante et délicatement aromatique.

Pour 4 personnes

- *2 aubergines*
- *100 g de chapelure*
- *3 œufs*
- *3 gousses d'ail*
- *3 cuillères à soupe de marjolaine*
- *huile d'olive*
- *sel, poivre*

Préparation : 10 minutes
Cuisson : 25 minutes

Laver les aubergines et les couper en tranches (1 cm environ). Les faire cuire 10 mn à la vapeur.

Battre les œufs dans une assiette creuse. Saler, poivrer.

Mettre la chapelure dans une autre assiette. Lui mêler la marjolaine et l'ail dégermé haché.

Prendre une tranche d'aubergine mi-cuite, la tremper dans l'œuf battu, puis dans la chapelure parfumée. Recommencer l'opération jusqu'à ce que la panure adhère bien à l'aubergine. Faire de même avec les autres tranches.

Dans une poêle à fond épais, faire chauffer 3 cuillères à soupe d'huile d'olive. Mettre les tranches d'aubergine à dorer sur feu moyen. Égoutter sur du papier absorbant. Servir très chaud.

Tian d'épinards

Détournant un peu la tradition, j'ajoute à ce "tian d'espinard" un peu de fromage de chèvre, ce qui relève le gratin et lui apporte un petit côté fondant.

Pour 4 personnes

- *1,5 kg de jeunes épinards*
- *2 cuillères à soupe de farine*
- *2 gousses d'ail*
- *1 petit bouquet de persil plat*
- *100 g de fromage frais de chèvre*
- *100 g de chapelure*
- *huile d'olive*
- *sel, poivre*

Préparation : 15 minutes **Cuisson : 45 minutes**

- *Laver les épinards (ôter les queues si elles sont trop dures). Les essorer et les hacher grossièrement.*
- *Dans une cocotte, faire chauffer 6 cuillères à soupe d'huile d'olive et y mettre les épinards à revenir. Ajouter l'ail dégermé et haché puis le persil ciselé. Saler, poivrer. Mélanger.*
- *Quand les épinards sont bien revenus, les saupoudrer de farine et faire roussir le tout 3 à 4 mn. Mouiller d'un bon verre d'eau et remuer jusqu'à obtenir une consistance onctueuse, proche des épinards à la crème. Rectifier l'assaisonnement.*
- *Mettre la préparation dans un tian. Parsemer de fromage frais puis de chapelure. Enfourner à 175° environ 45 mn.*

Tian de fenouils braisés

Le fenouil est un légume mal aimé. Est-ce à cause de son goût légèrement anisé ou parce qu'on ne sait jamais trop comment le préparer ? C'est pourtant l'un des piliers de la cuisine provençale...

Pour 4 personnes

- *6 jeunes bulbes de fenouil*
- *2 gros oignons blancs*
- *2 gousses d'ail*
- *1 cuillère à soupe de sarriette*
- *20 cl de vin blanc (ou d'eau)*
- *100 g de tomme sèche (ou de parmesan)*
- *huile d'olive*
- *sel, poivre*

Préparation : 10 minutes
Cuisson : 45 minutes

- *Couper la base des fenouils, ôter le feuillage, parer les bulbes et les couper en 4.*
- *Dans une grande cocotte, faire chauffer 4 cuillères à soupe d'huile d'olive. Y mettre les oignons émincés à blondir. Quand ils sont bien dorés, ajouter les fenouils et laisser suer 5 mn sur feu moyen, en remuant souvent. Saler, poivrer. Ajouter l'ail dégermé et écrasé, la sarriette et 20 cl de vin blanc (ou d'eau). Couvrir et laisser mijoter 30 mn sur feu doux.*
- *Quand les fenouils sont cuits et bien fondants, les disposer dans un tian préalablement huilé. Verser le jus de cuisson dessus. Parsemer de fromage fraîchement râpé.*
- *Mettre à gratiner sous le gril du four pendant 8 à 10 mn.*

Oignons caramélisés à la sauge

Cuits au four dans une infusion de sauge et caramélisés par leur propre sucre, ces oignons sont délicieux avec un rôti de porc ou un poulet rôti.

Pour 4 personnes

- *4 oignons rouges*
- *4 oignons blancs*
- *1 bouquet de sauge*
- *huile d'olive*
- *sel, poivre*

Préparation : 10 minutes
Cuisson : 2 heures

- *Préchauffer le four à 140°.*
- *Faire infuser 6 feuilles de sauge dans 25 cl d'eau bouillante.*
- *Éplucher les oignons. Les disposer dans un plat à gratin huilé (ou un tian). Saler, poivrer. Parsemer de sauge hachée. Verser 10 cl d'infusion de sauge dessus et arroser le tout d'huile d'olive.*
- *Mettre au four pendant 2 heures, en prenant soin d'arroser régulièrement les oignons d'infusion de sauge, voire d'huile d'olive s'ils caramélisent trop.*

Marché flottant sur la Sorgue, à bord des négo chin.

Petits farcis

Tous les légumes ne s'accordent pas avec la même farce. Certains supportent la viande, d'autres non. D'où une préparation spécifique pour chacun d'eux. C'est un peu long à préparer, mais quel bonheur à la sortie du four !

Pour 4 personnes

- *4 petites courgettes rondes*
- *4 petites aubergines longues bien violettes*
- *6 gros oignons blancs*
- *8 petits poivrons verts*
- *4 petites tomates*
- *250 g de petit salé maigre ou de jambon cuit*
- *100 g de bœuf (rôti, restes de pot-au-feu…)*
- *100 g de veau*
- *180 g de tomme sèche (ou de parmesan)*
- *5 œufs*
- *100 g de pain dur trempé dans du lait*
- *20 feuilles de basilic*
- *5 gousses d'ail*
- *1 bouquet de persil plat*
- *20 g de riz rond*
- *1 bol de chapelure*
- *huile d'olive, sel, poivre*

Préparation : 45 minutes
Cuisson : 30 minutes

Préparer la farce des oignons, des courgettes et des aubergines : mélanger 150 g de petit salé revenu dans un peu d'huile d'olive, 100 g de tomme râpée, 2 œufs, 60 g de pain dur trempé dans du lait et essoré, 3 gousses d'ail dégermées et émincées et 6 brins de persil finement ciselés. Poivrer et saler si le petit salé ne suffit pas. Diviser la farce en trois portions égales.

Laver les tomates, les couper en 2 et les évider délicatement. Réserver la pulpe. Saupoudrer l'intérieur de sel et les retourner sur du papier absorbant pour qu'elles rendent leur eau.

Préparer la farce des tomates : dans une petite cocotte, faire chauffer 2 cuillères à soupe d'huile et mettre à blondir 1 gros oignon blanc émincé. Quand l'oignon est bien doré, ajouter la pulpe de tomates, 50 g de petit salé, 50 g de bœuf et 50 g de veau hachés, 1 gousse d'ail dégermée et émincée et 3 brins de persil finement ciselés. Verser le riz. Mélanger. Poivrer et saler si le petit salé ne suffit pas. Laisser revenir un petit 1/4 d'heure et laisser refroidir.

Pendant ce temps, dans une autre petite cocotte, préparer la farce des poivrons : faire revenir 1/2 oignon blanc dans un peu d'huile d'olive. Ajouter le reste de petit salé, de bœuf et de veau hachés, 1 gousse d'ail dégermée et émincée et 3 brins de persil finement ciselés. Mélanger. Poivrer et saler si le petit salé ne suffit pas. Laisser cuire 10 mn et laisser refroidir.

Pour les oignons farcis : *en éplucher 4, les couper en 2 et les faire blanchir 5 mn dans de l'eau bouillante salée. Égoutter. Évider les légumes pour ne conserver que 2 épaisseurs. Hacher le reste et le mélanger au tiers de la farce déjà préparée. Ajouter 5 feuilles de basilic finement ciselées. Garnir les demi-oignons de cette farce et les ranger dans un grand plat allant au four préalablement huilé.*

Pour les courgettes farcies : *laver les courgettes et ôter le pédoncule. Les faire blanchir 5 mn dans de l'eau bouillante salée. Les égoutter et les couper en 2 dans le sens de la longueur. Prélever délicatement la chair à l'aide d'une cuillère. La faire revenir avec 1/2 oignon blanc haché dans un peu d'huile d'olive. Ajouter ce mélange au tiers de la farce déjà préparée. Ajouter 5 feuilles de basilic finement ciselées. Garnir les demi-courgettes et les ranger à côté des oignons.*

Pour les aubergines farcies : *laver les aubergines et ôter le pédoncule. Les faire blanchir 8 mn dans de l'eau bouillante salée. Puis procéder comme pour les courgettes.*

Pour les tomates farcies : *ajouter à la farce refroidie 40 g de tomme râpée, 1 œuf, 20 g de pain trempé dans du lait et essoré et 5 feuilles de basilic finement ciselées. Mélanger. Rectifier l'assaisonnement. Garnir les tomates et les ranger à côté des autres légumes.*

Pour les poivrons farcis : *procéder comme pour les tomates.*

Quand tous les farcis sont rangés dans le plat, les saupoudrer de chapelure et les arroser d'un filet d'huile d'olive. Faire cuire 30 à 40 mn à 180°.

Ratatouille

Une idée trop répandue donne à croire que la ratatouille est une sorte de ragoût de légumes provençaux, cuits ensemble dans un concert d'ail et d'huile d'olive. Fatale erreur ! Le secret d'une bonne ratatouille réside en effet dans la cuisson séparée de chaque légume, ce qui permet d'en préserver le goût.

Pour 4 personnes

- *750 g de courgettes*
- *1 kg d'aubergines*
- *1 kg de tomates*
- *750 g de poivrons*
- *4 oignons*
- *3 gousses d'ail*
- *2 feuilles de laurier*
- *5 branches de thym*
- *1 cuillère à soupe de marjolaine*
- *huile d'olive*
- *sel, poivre*

Préparation : 20 minutes
Cuisson : 1 h 30 environ

- *Ébouillanter, peler et épépiner les tomates avant de les concasser. Réserver.*
- *Éplucher les oignons et les émincer finement.*
- *Laver et tailler les autres légumes en petits cubes d'1 cm environ.*
- *Faire cuire séparément dans l'huile d'olive les oignons, les courgettes, les aubergines et les poivrons, jusqu'à ce qu'ils soient bien tendres (10 à 20 mn selon les légumes).*
- *Quand les légumes sont cuits, les réunir dans une cocotte. Ajouter les tomates concassées, l'ail dégermé et haché ainsi que les herbes aromatiques. Saler, poivrer. Mélanger. Faire cuire encore 30 mn à feu doux.*
- *Servir chaud ou froid.*

Les Pâtes & le Riz

Ancienne province romaine, la Provence entretient depuis longtemps des liens étroits avec l'Italie. La gastronomie provençale doit à sa cousine transalpine quelques-unes de ses valeurs sûres, comme la polenta, les gnocchis, le risotto ou l'immense famille des pâtes. Alliée de toujours, la tomate, fraîche ou en coulis, assaisonne à merveille tout ce petit monde. Mais une simple poignée de noix, une pincée de safran, une pointe de piment ou un zeste d'orange peuvent aussi renouveler des recettes un peu fatiguées.

Gros macaronis frais à l'aubergine et à l'ail confit

Cuits dans l'ail confit et les herbes aromatiques, les morceaux d'aubergines se glissent à l'intérieur des macaronis "al dente" : un régal.

Pour 4 personnes

- *500 g de gros macaronis frais*
- *2 aubergines*
- *5 gousses d'ail confit*
- *5 branches de thym frais*
- *1 petite branche de romarin*
- *1 cuillère à soupe de serpolet*
- *1 petit bouquet de persil plat*
- *huile d'olive*
- *sel, poivre*

Préparation : 10 minutes **Cuisson : 20 minutes**

- *Laver les aubergines et les tailler en bâtonnets, comme de grosses frites.*
- *Réserver quelques brins de persil et la moitié de la branche de romarin. Hacher le reste des herbes avec l'ail confit.*
- *Dans une cocotte, faire dorer les aubergines avec 4 cuillères à soupe d'huile d'olive. Couvrir et laisser cuire à l'étouffée sur feu doux, en remuant de temps en temps.*
- *Quand les aubergines sont bien moelleuses, ajouter le hachis d'herbes. Saler, poivrer. Mélanger et laisser mijoter encore 5 mn.*
- *Pendant ce temps, faire bouillir une grande quantité d'eau salée avec la demi-branche de romarin mise de côté. Y faire cuire les macaronis "al dente". Égoutter. Ôter les aromates.*
- *Verser les pâtes dans la cocotte. Mélanger. Rectifier l'assaisonnement et servir bien chaud avec du parmesan fraîchement râpé.*

Les lasagnes du Petit-Jésus

Un plat originaire de Haute-Provence, que l'on servait la veille du gros souper de Noël. N'ayant pas retrouvé de recette précise, j'en ai reconstitué une à base des trois ingrédients traditionnels : le fromage de chèvre, les noix et les lasagnes.

Pour 6 à 8 personnes

- *1 paquet de lasagnes*
- *300 g de fromage de chèvre frais*
- *4 échalotes*
- *250 g de noix épluchées*
- *huile d'olive*
- *sel, poivre*

Préparation : 15 minutes **Repos : 1 heure**
Cuisson : 30 minutes

- *Précuire les lasagnes 10 mn dans une grande quantité d'eau bouillante salée.*
- *Hacher les noix grossièrement.*
- *Dans une poêle, faire revenir les échalotes émincées finement dans 2 cuillères à soupe d'huile d'olive. Ajouter les noix. Saler, poivrer et laisser dorer 10 mn environ en remuant fréquemment.*
- *Huiler un plat à gratin. Disposer au fond une couche de lasagnes, étaler un peu de mélange noix-échalotes. Parsemer de fromage de chèvre. Poivrer. Couvrir de plaques de lasagnes.*
- *Répéter l'opération jusqu'à épuisement des ingrédients en terminant par une couche de fromage.*
- *Laisser reposer 1 heure avant de faire cuire 20-25 mn à 180°.*

Orecchiette à la tomate, aux olives et aux câpres

Ajouter quelques feuilles de sauge et une gousse d'ail dans l'eau de cuisson suffit parfois à métamorphoser un simple plat de pâtes. Les orecchiette sont ici accompagnées d'une sauce tomate rehaussée d'anchois, de câpres et d'olives de Nyons.

Préparation : 15 minutes **Cuisson : 30 minutes**

- *Ébouillanter les tomates. Les peler, les couper en 4 et les presser pour en ôter l'eau et les pépins.*
- *Dans une cocotte, faire fondre les oignons finement émincés. Ajouter 4 gousses d'ail dégermées et hachées, les anchois coupés en tout petits morceaux, l'origan, les câpres puis les tomates concassées et le bouquet garni. Poivrer. Mélanger et laisser réduire à petit feu. Ajouter les olives en fin de cuisson.*
- *Cuire les pâtes dans une grande quantité d'eau bouillante salée, où auront infusé 3 feuilles de sauge et 1 gousse d'ail. Égoutter. Ôter les aromates.*
- *Verser les pâtes dans la sauce. Mélanger. Servir très chaud avec du parmesan fraîchement râpé.*

Pour 4 personnes

- *500 g d'orecchiette*
- *750 g de tomates bien mûres*
- *2 oignons blancs*
- *5 gousses d'ail*
- *1 bouquet garni (thym, sauge, laurier, romarin, persil plat, le tout lié en bottillon)*
- *3 feuilles de sauge*
- *1 cuillère à soupe d'origan*
- *1 cuillère à soupe de câpres*
- *4 anchois à l'huile*
- *20 à 30 olives noires hachées (Nyons, de préférence)*
- *parmesan*
- *huile d'olive, poivre*

Penne aux fleurs de courgettes et au safran

Une recette glanée sur le marché du Lavandou, où une maraîchère voulut me céder un énorme bouquet de fleurs de courgettes. Ne sachant trop qu'en faire, elle me suggéra cette recette, qui unit le goût délicat et un peu amer de la fleur de courgette au parfum puissant du safran.

Pour 4 personnes

- *500 g de penne*
- *20 fleurs de courgettes*
- *4 échalotes*
- *2 doses de safran (de préférence en filaments)*
- *5 brins de persil plat*
- *huile d'olive*
- *sel, poivre*

Préparation : 10 minutes **Cuisson : 25 minutes**

- *Ôter les pistils des fleurs de courgettes. Passer les fleurs sous l'eau et les essuyer.*
- *Faire revenir les échalotes finement émincées et les fleurs de courgettes dans une cocotte avec 2 cuillères à soupe d'huile d'olive. Saler, poivrer.*
- *Faire cuire les penne dans une grande quantité d'eau bouillante salée (environ 20 mn). Les égoutter en laissant un petit peu d'eau.*
- *Verser les pâtes dans la cocotte. Ajouter le safran. Mélanger et rectifier l'assaisonnement.*
- *Parsemer de persil plat ciselé et servir très chaud.*

Riz aux calamars

Pour 4 personnes

- 1,5 kg de calamars
- 1 bulbe de fenouil
- 4 tomates
- 3 oignons
- 3 gousses d'ail
- 1 cuillère à café de graines de fenouil
- 2 doses de safran (de préférence en filaments)
- 1 bouquet garni (1 petite branche de céleri, thym, laurier et persil plat liés ensemble)
- 2 grands verres de riz (rond ou de Camargue)
- 2 verres de vin blanc
- quelques brins de persil plat
- huile d'olive
- sel, poivre

Une recette qui mélange avec bonheur goûts et textures. La tomate, relevée de fenouil, enrobe les morceaux de calamars, un peu élastiques, et le riz moelleux, cuit dans la sauce.

Préparation : 15 mn **Cuisson : 1 heure**

- *Nettoyer, laver et essuyer les calamars. Les couper en lanières.*
- *Couper la base du fenouil, ôter le feuillage, parer le bulbe et le couper en bâtonnets.*
- *Ébouillanter les tomates, les peler, les couper en 4 et les presser pour les épépiner.*
- *Faire chauffer 3 cuillères à soupe d'huile d'olive dans une cocotte. Y mettre à suer les calamars avec les graines de fenouil.*
- *Lorsque les calamars ont rendu toute leur eau et qu'ils commencent à dorer, les sortir et les réserver. Remettre 2 cuillères à soupe d'huile d'olive dans la cocotte pour y faire blondir les oignons émincés, les bâtonnets de fenouil et l'ail dégermé haché. Mélanger. Quand les légumes commencent à prendre un peu de couleur, ajouter les tomates et laisser cuire 10 mn.*
- *Au bout de ce temps, remettre les calamars dans la cocotte. Ajouter le safran et le bouquet garni. Saler, poivrer. Mélanger. Mouiller avec le vin blanc et 4 verres d'eau. Couvrir et laisser mijoter 30 mn sur feu doux.*
- *Ajouter le riz dans la cocotte et laisser cuire sur feu doux encore 20 mn (ajouter un peu d'eau chaude si le riz absorbe tout le liquide avant d'être cuit). Rectifier l'assaisonnement, parsemer de persil plat ciselé et servir bien chaud.*

Spaghettis à l'ail, aux herbes et au piment

Le thym et le romarin frais sont ici nécessaires pour répliquer à la puissance de l'ail et du piment.

Pour 4 personnes

- *500 g de spaghettis*
- *3 gousses d'ail*
- *5 brins de thym*
- *1 cuillère à café de romarin*
- *2 feuilles de laurier*
- *1/2 cuillère à café de piment séché*
- *huile d'olive*
- *parmesan*
- *gros sel*

Préparation : 10 mn **Cuisson : 20 mn**

- *Faire cuire "al dente" les spaghettis dans une grande quantité d'eau salée, où auront infusé 1 gousse d'ail et 1 feuille de laurier. Remuer fréquemment pour empêcher les spaghettis de coller. Égoutter. Ôter les aromates.*
- *Dans une cocotte, mélanger 4 cuillères à soupe d'huile d'olive, le reste de l'ail dégermé et haché, le piment, le thym effeuillé, le romarin finement ciselé et 1 feuille de laurier. Faire chauffer la cocotte et laisser suer les ingrédients 3 à 4 mn avant de verser les spaghettis dedans. Mélanger intimement. Rectifier l'assaisonnement.*
- *Servir très chaud avec du parmesan fraîchement râpé.*

Risotto aux champignons et à l'orange

Pour 4 personnes

- *250 g de champignons (sanguins, grisets, cèpes...)*
- *2 échalotes*
- *le zeste d'1 orange non traitée*
- *1 feuille de laurier*
- *1 petit bouquet de persil plat*
- *2 grands verres de riz*
- *huile d'olive*
- *sel, poivre*

Le zeste d'orange apporte ici une note inattendue et raffinée au goût sauvage des champignons.

Préparation : 10 minutes
Cuisson : 20 minutes

- *Brosser les champignons (ne pas les laver : ils se gorgeraient d'eau), les essuyer et les couper en lamelles.*
- *Si les champignons sont secs, les faire tremper dans l'eau tiède et conserver l'eau de trempage pour la cuisson du risotto.*
- *Faire bouillir de l'eau (2,5 fois la quantité de riz).*
- *Dans une cocotte, faire revenir les échalotes émincées dans 3 cuillères à soupe d'huile d'olive. Ajouter le riz. Quand les grains deviennent translucides, ajouter les champignons. Saler, poivrer. Mélanger. Ajouter l'eau bouillante et éventuellement l'eau de trempage des champignons secs. Mélanger encore. Couvrir et laisser cuire 20 mn environ.*
- *5 mn avant la fin de la cuisson, ajouter le zeste d'orange râpé.*
- *Rectifier l'assaisonnement, parsemer de persil ciselé et servir très chaud.*

Les Douceurs & les Desserts

Les Provençaux ont une réputation de frugalité qui ne les empêche pas d'apprécier les douceurs. Le "gros soupa" de Noël ne compte-t-il pas 13 desserts, au prétexte qu'ils symbolisent Jésus et les douze apôtres ? Les livres de cuisine traditionnelle regorgent de recettes de beignets, de confitures, de biscuits, de gâteaux et de tourtes, où amandes, miel et fruits se combinent à l'infini. En dehors de quelques grands classiques comme le chichi-frégi, l'oreillette ou la pompe à l'huile, les recettes proposées ici résultent d'une heureuse combinaison entre ces fondamentaux gourmands et la prodigieuse variété des fruits de Provence.

Chichi-frégi

Un parfum léger de fleur d'oranger, une consistance croustillante en surface et moelleuse à l'intérieur... Les chichi-frégi sont des petits beignets fabriqués à l'origine avec de la farine de pois chiche. D'où leur nom...

Pour 4 personnes

- *250 g de farine*
- *7 g de levure de boulangerie*
- *1 cuillère à soupe d'eau de fleur d'oranger*
- *huile de friture*
- *sucre*
- *sel*

Préparation : 15 minutes **Repos : 2 heures**
Cuisson : 5 à 10 minutes

- *Délayer la levure dans un peu d'eau chaude avec 1 pincée de sel.*
- *Mettre la farine dans une terrine. Faire un puits au centre pour y verser la levure et l'eau de fleur d'oranger. Délayer le tout avec de l'eau tiède jusqu'à obtenir une pâte assez souple. Travailler la pâte 5 à 10 mn avant de la laisser reposer 2 heures ou plus dans un endroit tiède.*
- *Au bout de ce temps, faire chauffer l'huile de friture dans un récipient assez large.*
- *Quand la pâte a bien levé, la glisser dans une poche à douille et la faire couler dans la friture bien chaude : partir du bord du récipient et former un gros serpentin en faisant attention de laisser suffisamment de place pour que la pâte gonfle.*
- *Quand le chichi-frégi est bien doré, l'égoutter, le poser sur du papier absorbant et le découper en tronçons de 15 cm environ.*
- *Servir très chaud, saupoudré de sucre.*

Clafoutis à la faisselle de chèvre et aux bigarreaux

Le goût marqué et légèrement sur du fromage blanc de chèvre convient à merveille à ce clafoutis léger, dont la farine a été remplacée par de la poudre d'amande. À décliner avec toutes sortes de fruits d'été.

Pour 4 personnes

- *750 g de bigarreaux*
- *3 œufs*
- *250 g de faisselle de chèvre (ou, à défaut, de fromage très frais)*
- *125 g de poudre d'amande*
- *100 g de sucre*
- *1 cuillère à café d'extrait de vanille*

Préparation : 15 minutes **Cuisson : 30 minutes**

- *Préchauffer le four à 200°.*
- *Laver les bigarreaux, les équeuter et, éventuellement, les dénoyauter.*
- *Dans un saladier, battre les œufs et le sucre jusqu'à ce que le mélange blanchisse. Ajouter la poudre d'amande, la vanille et le fromage frais émietté. Mélanger intimement.*
- *Beurrer un plat allant au four. Mettre les bigarreaux au fond et recouvrir du mélange au chèvre. Saupoudrer de sucre.*
- *Mettre au four 10 mn à 200° puis baisser à 170° et laisser cuire encore 20 mn (le clafoutis doit être bien doré).*

Crème brûlée aux marrons de Collobrière

La traditionnelle crème brûlée est ici enrichie de crème et de brisures de marrons glacés, ce qui en renouvelle le goût tout en lui donnant une texture délicieusement grumeleuse.

Pour 4 personnes

- *4 jaunes d'œufs extra frais*
- *30 cl de crème liquide*
- *3 bonnes cuillères à soupe de crème de marron*
- *4 marrons glacés de Collobrière (ou d'ailleurs...)*
- *1 cuillère à café de vanille liquide*

Préparation : 10 minutes **Cuisson : 20 minutes**

- *Préchauffer le four à 170°.*
- *Faire chauffer la crème liquide jusqu'à ce qu'elle frémisse.*
- *Dans une terrine, mélanger intimement les jaunes d'œufs et la crème de marron. Ajouter la vanille et les marrons glacés concassés. Verser la crème chaude. Mélanger de nouveau soigneusement.*
- *Verser la crème dans des ramequins en terre cuite de 10 cm de diamètre environ.*
- *Poser les ramequins dans un grand plat ou sur la lèchefrite du four. Verser de l'eau entre les pots et les faire cuire au bain-marie 20 mn.*
- *Une fois cuites, placer les crèmes sous le gril du four ou sous la salamandre pour les dorer.*

Crumble aux figues

Le mélange de farine et de poudre d'amande donne au crumble un côté biscuité et croustillant qui convient à toutes sortes de fruits (abricots, myrtilles, prunes...).

Pour 4 personnes

- *750 g de figues*
- *75 g de poudre d'amande*
- *75 g de farine*
- *100 g de beurre*
- *50 g de sucre*
- *sel*

Préparation : 15 minutes **Cuisson : 30 minutes**

- *Préchauffer le four à 180°.*
- *Laver les figues, les éplucher si la peau est trop épaisse, et les couper en 2.*
- *Beurrer un plat allant au four. Disposer les figues dedans, bien serrées. Saupoudrer d'un peu de sucre.*
- *Dans une petite terrine, mélanger la farine, la poudre d'amande, le reste du sucre et 1 pincée de sel. Ajouter le beurre coupé en morceaux. L'écraser du bout des doigts, en l'amalgamant à la farine et la poudre d'amande, jusqu'à obtenir une consistance grumeleuse, proche d'un sable grossier.*
- *Verser cette préparation sur les figues. Faire cuire au four 30 mn : le crumble doit être bien doré.*

Gâteau au miel, pignons et citron

La saveur amandine du pignon, le zeste qui parfume le fromage blanc, le miel qui remplace le sucre... Ce gâteau fut imaginé en gourmande compagnie avant de voir le jour.

Pour 4 personnes

- *250 g de faisselle de brebis (ou de chèvre), bien égouttée*
- *4 œufs*
- *4 cuillères à soupe de miel de lavande*
- *125 g de farine*
- *le zeste de 2 citrons non traités*
- *100 g de pignons*
- *1 noix de beurre*
- *sucre glace*
- *sel*

Préparation : 15 minutes **Cuisson : 35 minutes**

- *Préchauffer le four à 170°.*
- *Dans une terrine, mélanger les jaunes d'œufs et le miel (que l'on aura fait fondre dans une petite casserole s'il est dur). Ajouter peu à peu le fromage de brebis, puis le zeste des citrons, la farine en pluie et les pignons.*
- *Battre les blancs en neige ferme avec une pincée de sel.*
- *Incorporer délicatement les blancs dans la pâte à gâteau.*
- *Beurrer un moule de 22 cm de diamètre. Y verser le mélange.*
- *Faire cuire le gâteau 35 minutes. Ne le sortir que lorsqu'il est bien doré.*
- *Servir tiède ou froid, parsemé de sucre glace et accompagné d'un coulis d'abricots.*

Les oreillettes de la tante Anne

Une recette glanée dans la région d'Arles. Je la corse d'un zeste de citron non traité, histoire de personnaliser une tradition qui se transmet de mère en fille depuis des générations...

Pour 4 personnes

- *500 g de farine*
- *5 œufs*
- *125 g de beurre ramolli*
- *2 cuillères à soupe d'eau de fleurs d'oranger*
- *1 sachet de levure alsacienne*
- *1 litre d'huile de friture*
- *sucre roux*

Préparation : 15 minutes **Repos : 1 heure**
Cuisson : friture

- *Pétrir farine, levure, œufs et fleur d'oranger.*
- *Abaisser la pâte sur un plan de travail bien fariné. Tartiner dessus un peu de beurre. Repétrir. Et recommencer jusqu'à épuisement des ingrédients.*
- *Laisser reposer la pâte, couverte d'un linge, 1 bonne heure.*
- *Abaisser la pâte au rouleau en bandes très fines en farinant bien la table. Découper des losanges. Les piquer une fois ou deux.*
- *Faire chauffer 1 litre d'huile de friture dans une poêle. Plonger les oreillettes une à une dans l'huile bouillante : le morceau mis dans la poêle doit gonfler tout de suite, sinon c'est que l'huile n'est pas assez chaude.*
- *Égoutter les oreillettes sur du papier absorbant et saupoudrer de sucre roux.*

Pêches de vigne au vin de Cassis

La saveur un peu âcre de la pêche de vigne s'accorde très bien avec le vin blanc de Cassis. Je parfume le tout d'un petit bouquet d'épices qui infusent dans le vin et apportent un étonnant petit arôme poivré.

Pour 4 personnes

- *8 pêches de vigne*
- *1/2 bouteille de vin blanc de Cassis*
- *75 g de cassonade*
- *2 clous de girofle*
- *1 bâton de cannelle*
- *2 étoiles d'anis*
- *4 grains de poivre*
- *quelques feuilles de menthe fraîche*

Préparation : 10 minutes **Cuisson : 25 minutes**

- *Mettre le vin blanc dans une casserole avec le sucre et les épices. Porter à ébullition.*
- *Pendant ce temps, ébouillanter les pêches 2 mn. Les éplucher.*
- *Plonger les pêches dans le vin épicé et laisser cuire 10 mn. Les sortir délicatement, sans blesser la chair, et les disposer sur un joli plat de service.*
- *Laisser réduire le vin environ 15-20 mn, jusqu'à ce qu'il devienne un peu sirupeux.*
- *Filtrer le vin et le verser sur les pêches.*
- *Servir bien frais, décoré de quelques feuilles de menthe.*

Tombée du jour sur Cassis...

Poires au miel

Si vous avez la chance de trouver des martin-sec, petites poires cassantes à la chair parfumée que l'on trouve plutôt dans les départements alpins, comptez deux fruits par personne (voire plus...). Sinon, prenez des poires à chair ferme, qui deviendront fondantes à la cuisson.

Pour 4 personnes

- *4 poires bien charnues*
- *75 g de raisins secs (Smyrne)*
- *75 g d'amandes*
- *3 cuillères à soupe de miel de garrigue (ou bruyère blanche)*
- *1 verre de beaumes-de-venise*
- *30 g de beurre*

Préparation : 10 minutes **Cuisson : 20 minutes**

- *Préchauffer le four à 170°.*
- *Peler les poires, en conservant la queue. Couper le fruit au tiers. Réserver le "chapeau" et creuser chaque poire délicatement avec une cuillère à pamplemousse ou un économe (attention à ne pas percer le fruit) pour ôter le cœur et les pépins.*
- *Hacher grossièrement les raisins et les amandes. Les mélanger au miel et garnir chaque poire de cette préparation. Replacer le chapeau.*
- *Beurrer un joli plat allant au four. Disposer les poires dedans. Arroser de beaumes-de-venise. Placer une lamelle de beurre sur chaque fruit.*
- *Faire cuire au four 20 mn environ en arrosant les poires de temps en temps avec le jus de cuisson. Les sortir quand elles sont bien tendres. Servir tiède.*

Pompe à l'huile

Appelée aussi "gibassier", la pompe est une sorte de brioche provençale servie à la fin du "gros souper" de Noël, juste avant la messe de minuit. La plupart des recettes traditionnelles ne mettent pas d'œufs. Je préfère en ajouter 2, ce qui permet de diminuer un peu la quantité d'huile d'olive.

Pour 4 personnes

- *500 g de farine*
- *les zestes d'1 orange et d'1 citron non traités*
- *2 cuillères à soupe d'eau de fleur d'oranger*
- *75 g de cassonade*
- *2 sachets de levure de boulangerie "rapide"*
- *10 cl d'huile d'olive*
- *2 œufs*
- *1 jaune d'œuf pour dorer*
- *sel*

Préparation : 20 minutes **Repos : une douzaine d'heures**
Cuisson : 30 minutes

- *Verser la farine dans un saladier. Creuser un puits au centre pour y verser la levure, 10 cl d'eau tiède, 3 pincées de sel, les zestes râpés, la cassonade, les œufs, l'huile et l'eau de fleur d'oranger.*
- *Travailler la pâte du bout des doigts en incorporant petit à petit la farine depuis les bords du saladier. Quand les ingrédients sont bien amalgamés et que la pâte se détache du récipient, former une boule. Pétrir encore au moins 10 mn. Si la pâte colle trop, ajouter de la farine. Si elle est trop sèche, ajouter de l'huile d'olive. Quand la pâte est douce et ferme, la couvrir d'un linge et la laisser lever au frais 3 à 4 heures.*
- *Une fois la pâte levée, la presser un peu pour en extraire les gaz de fermentation et la diviser en 4. Envelopper les 4 pâtons dans du film étirable et laisser reposer encore 6 à 8 heures dans le bas du réfrigérateur.*
- *Une heure avant la cuisson, sortir les pâtons. Les presser et les façonner en couronne avec les mains farinées. Les répartir sur 2 plaques à pâtisserie beurrées et farinées. Badigeonner les pompes de jaune d'œuf et les entailler régulièrement. Couvrir et laisser en attente le temps que le four atteigne 220°.*
- *Quand le four est à température, faire cuire une première fournée pendant 20 à 30 mn, jusqu'à ce que les gâteaux soient bien dorés. Tester la cuisson avec la pointe d'un couteau : si elle ressort sèche, les pompes sont cuites.*
- *Laisser refroidir et déguster avec du vin cuit ou du ratafia.*

Salade de fraises au vin d'orange

Doux et fruité, le vin d'orange mêle son arôme subtil à celui des fraises, sans nuire à leur délicatesse. Veillez à ce que les fruits soient bien mûrs et parfumés (évitez de les conserver au réfrigérateur pour en préserver le goût).

Pour 4 personnes

- *500 g de fraises de Hyères ou de Carpentras*
- *1 cuillère à soupe de miel*
- *1 verre de vin d'orange*
- *1 orange non traitée*
- *1/2 cuillère à café de cannelle*
- *2 branches de menthe fraîche*
- *sucre glace*

Préparation : 10 minutes **Repos : 30 minutes**

- *Laver les fraises dans de l'eau légèrement vinaigrée. Les rincer et les équeuter. Les couper en 4 et les disposer dans un joli saladier.*
- *Dans un petit bol, dissoudre le miel dans le vin d'orange. Ajouter la cannelle. Fouetter le mélange avant de le verser sur les fraises.*
- *Laisser reposer 1/2 heure au frais (mais pas au réfrigérateur qui "casse" le parfum des fraises), en remuant de temps en temps.*
- *Au moment de servir, parsemer la salade de fraises de filaments de zestes d'orange et de feuilles de menthe saupoudrées de sucre glace.*

Mon sorbet au melon et aux calissons

Rendons au melon ce que lui doit le calisson ! Composés à 60 % de melon confit, les célèbres petits losanges d'Aix se fondent à merveille dans ce sorbet aromatisé au beaumes-de-venise.

Pour 4 personnes

- *2 beaux melons bien lourds*
- *100 g de sucre de canne*
- *1 verre de beaumes-de-venise*
- *1 jus de citron frais*
- *8 calissons d'Aix*
- *facultatif : 2 blancs d'œufs très frais battus en neige*

Préparation : 10 minutes

Congélation : au moins 4 heures

- *Prélever la chair des melons et la mixer avec le sucre, le jus de citron et le beaumes-de-venise.*
- *Hacher les calissons en petits morceaux et les ajouter à la purée de melon. Verser le tout dans la sorbetière et laisser prendre pendant 4 heures.*

Astuce pour ceux qui n'ont pas de sorbetière : ajouter 2 blancs d'œufs battus en neige à la purée de melon avant de la verser dans un moule rectangulaire en métal et de la mettre au congélateur : cela évite les cristaux de glace.

Tarte au potiron et aux confits d'agrumes

Les confits d'agrumes, mêlés à la poudre d'amande, apportent au potiron une consistance un peu grumeleuse et un parfum qui fait oublier son côté douceâtre. Mais où trouver du confit d'agrumes, me direz-vous ? Si votre épicerie préférée n'en a pas, vous pouvez le confectionner avec 300 g de fruits non traités pour 200 g de sucre (presser les fruits pour en recueillir le jus. Hacher les écorces. Mettre le tout à macérer 12 heures avec 1 verre d'eau par fruit. Cuire le tout le lendemain pendant 50 mn. Ajouter le sucre et cuire encore 1 heure. Laisser refroidir avant de l'utiliser).

Pour 4 personnes

- *150 g de farine*
- *250 g de poudre d'amande*
- *125 g de beurre*
- *1 œuf + 2 jaunes*
- *100 g de sucre (cassonade) + 1 cuillère à soupe*
- *400 g de purée de potiron*
- *2 cuillères à soupe de confit de citron*
- *2 cuillères à soupe de confit d'orange*
- *1 cuillère à café d'extrait de vanille*
- *sel*
- *sucre glace*

Préparation : 40 minutes **Cuisson : 35 minutes**

- *Préchauffer le four à 190°.*
- *Préparer la pâte : mélanger la farine, 50 g de poudre d'amande, 1 cuillère à soupe de sucre et 1 pincée de sel. Ajouter 100 g de beurre coupé en morceaux et l'amalgamer à la farine jusqu'à obtenir un sable grossier. Ajouter l'œuf et pétrir la pâte en la fraisant. Laisser reposer.*
- *Mélanger la purée de potiron avec 200 g de poudre d'amande, 100 g de sucre, 25 g de beurre ramolli, l'extrait de vanille et les confits d'agrumes. Ajouter les jaunes d'œufs. Bien mélanger.*
- *Beurrer un moule à tarte de 30 cm de diamètre. Le foncer avec la pâte à tarte. Verser le mélange au potiron dessus et faire cuire à four chaud.*
- *Saupoudrer de sucre glace avant de servir tiède ou froid.*

Tarte aux raisins du Ventoux

Cette tarte voudrait rendre hommage au gros vert du Ventoux, un raisin de coteaux juteux, dont la production tend à disparaître au profit du muscat. Elle réconcilie raisins blancs et raisins noirs sur un petit lit de crème relevé de marc, qui fait oublier la légère acidité des fruits.

Pour 4 personnes

- *150 g de farine*
- *75 g de beurre*
- *3 œufs*
- *100 g de sucre (cassonade) + 1 cuillère à soupe*
- *200 g de raisin gros vert et 200 g de muscat*
- *4 cuillères à soupe de marc*
- *10 cl de crème fraîche*
- *sel*

Préparation : 30 minutes **Cuisson : 40 minutes**

- *Préchauffer le four à 190°.*
- *Préparer la pâte en mélangeant la farine, le beurre coupé en morceaux, 1 cuillère à soupe de sucre et 1 pincée de sel. Quand la préparation prend l'aspect d'un sable grossier, ajouter 1 œuf et pétrir la pâte en la fraisant. Laisser reposer.*
- *Peler les grains de raisins (les épépiner si vous en avez la patience...).*
- *Dans une casserole, faire fondre le sucre et le marc. Verser les grains de raisins et faire cuire 3 mn. Égoutter les fruits et réserver le sirop.*
- *Abaisser la pâte et foncer un moule à tarte (25 cm environ). Piquer le fond de la tarte et disposer dessus du papier cuisson et des légumes secs pour l'empêcher de gonfler. Faire cuire le fond 10 mn.*
- *Pendant ce temps, dans un petit saladier, battre les œufs restants, la crème fraîche et le sirop au marc.*
- *Sortir le fond de tarte du four. Remplacer le papier et les légumes secs par la crème aromatisée. Garnir joliment en jouant sur les couleurs des 2 raisins.*
- *Faire cuire 30 mn et servir froid.*

Index

Bibliographie :

Cuisine de tradition du Var et des Alpes du Sud, sous la direction de Georges Domenge, Centre culturel de Draguignan, Edisud, Aix-en-Provence, 2001.

La cuisinière provençale, Jean-Baptiste Reboul, Tacussel éditeur, Marseille, 2003 (27e édition depuis 1897...).

Inventaire du patrimoine culinaire de la France : Provence-Alpes-Côte d'Azur (produits du terroir et recettes traditionnelles), Conseil des arts culinaires, Albin Michel, Paris, 1995.

Recettes en Provence, Andrée Maureau, Edisud, Aix-en-Provence, 2003.

Ma cuisine en Provence, Patricia Wells, Jean-Claude Lattès, 1997.

Achevé d'imprimer en novembre 2007